すぐに役立つ

◆泣き寝入り無用!◆

職場のトラブルをめぐる法律問題と実践解決書式

弁護士 **森 公任**／弁護士 **森元みのり** 監修

三修社

はじめに

　会社と個々の労働者間では、さまざまな労働トラブルが生じることが考えられます。労働者にとって、働く場は、一日の多くの時間をすごす重要な場所です。職場において、悩みやトラブルを抱えるということは、大変なストレスだといえるでしょう。トラブル解決のための法的手段といえば、まず訴訟が思い浮かぶかもしれません。訴訟には時間や手間が相当かかるという欠点があります。弁護士に依頼しないと訴状を書いたり申立ての手続きをすることは困難な場合もあるでしょう。そこで、このような場合に有効に活用できるのが労働審判や簡易裁判所で申し立てる少額訴訟、支払督促などの手続きです。

　労働審判は、労働契約などに関する労使のトラブルにつき、裁判官や専門家で組織する労働審判委員会が調停を試み、解決しない場合に、審判によって実情に即した解決を図る制度です。裁判所を利用する点では「訴訟」と同じですが、手間や費用が訴訟に比べて少なくてすむので、近年、申立件数が増加しています。少額訴訟は、回収しようとする金額が60万円以下の場合に簡易裁判所で申し立てる簡易な訴訟手続きです。支払督促は、簡易裁判所の書記官を通じて相手方に対して債務を支払うように督促する手続きで、相手方との間で債権の存在の有無について食い違いがない場合に効果があります。

　本書では、会社と労働者との間で起こるトラブルを解決するための身近な法的手段として、内容証明郵便、個別労働紛争解決制度、労働審判、支払督促、少額訴訟などの手続きを解説し、サンプル書式を多数掲載しています。近年問題になることが多い、残業代未払い、解雇、セクハラ、パワハラ、労災など、ケース別に申立書など、書式の記載例を豊富に掲載し、実践的な構成になっています。

　本書をご活用いただき、皆様のお役に立てていただければ幸いです。

監修者　弁護士　森　公任　　弁護士　森元みのり

Contents

はじめに

第1章　トラブル解決の方法にもいろいろある

1 トラブルの法的解決手段にはどんなものがあるのか　　　　10

2 紛争処理機関を上手に利用するには　　　　12

　Q&A 労働組合のない会社で会社とのトラブルを解決する方法は
　　　 あるのでしょうか。　　　　17

3 個別労働紛争解決制度を利用するには　　　　18

4 雇用環境・均等部の紛争解決援助制度を利用するには　　　　22

5 トラブルになったらまず内容証明郵便を出してみる　　　　24

第2章　労働審判のしくみ

1 労働審判にはどんな特徴があるのか　　　　28

2 どんな場合に利用できるのか　　　　33

3 労働審判になじまない事件もある　　　　35

4 どこの裁判所に申し立てるのか　　　　39

　Q&A 労働審判手続きで、当事者の代理人になることができるの
　　　 は弁護士だけでしょうか。　　　　41

5 いつまでに申し立てればよいのか　　　　42

6 費用はどのくらいかかるのか　　　　44

7 労働審判申立書を作成する　　　　46

8 証拠の提出と証人の申請はどうするのか　　　　49

9 審判手続きの流れを知っておこう　　　　51

10 第1回期日に向けての準備をする　　　　　　　　　54

　　Q&A 証人はどのような場合に採用されるのでしょうか。注意点
　　などがあれば教えてください。　　　　　　　　　　　　56

11 第2回以降の期日では何が行われるのか　　　　　　57

　　Q&A 労働審判で出された判断に不服がある場合、どうすればよ
　　いのでしょうか。　　　　　　　　　　　　　　　　61

12 訴訟に移行した後の手続きの流れを知っておこう　　62

13 会社が審判を守らなかった場合にはどうなるのか　　65

14 会社財産の不当な処分から権利を守る手段を知っておこう　67

第3章　少額訴訟のしくみ

1 少額訴訟の審理はどうなっている　　　　　　　　70

2 一期日審理の原則について知っておこう　　　　　　72

3 訴状提出から出頭までの行動を把握する　　　　　　74

4 和解勧告をされることもある　　　　　　　　　　78

5 口頭弁論について知っておこう　　　　　　　　　79

6 即日判決について知っておこう　　　　　　　　　82

7 不服の申立てについて知っておこう　　　　　　　84

8 訴状の書き方を知っておこう　　　　　　　　　　85

第4章　支払督促のしくみ

1 支払督促の申立てはどこの裁判所に出せばよいか　　90

2 支払督促の申立書を書く　　　　　　　　　　　　93

3 仮執行宣言を取得してはじめて意味がある　　　　101

　Q&A 異議申立てをすると通常の訴訟に移行するというのはどう
　いうことでしょうか。　　　　104

第5章　給与・賞与・退職金をめぐるトラブルと解決法

1 会社に未払い賃金の支払いを求める　　　　106

2 会社に残業代の支払いを求める　　　　109

　書式　残業手当をめぐるトラブル（内容証明）　　　　115
　書式　残業手当支払請求（支払督促申立書）　　　　116
　書式　残業手当支払請求（少額訴訟訴状）　　　　119
　書式　未払い残業代を請求するあっせん申請書　　　　121
　書式　未払い残業代を請求する場合の労働審判申立書　　　　122

3 名ばかり管理職が会社に残業代の支払いを求める　　　　127

　書式　名ばかり管理職が残業代を請求するあっせん申請書　　　　129
　書式　名ばかり管理職が残業代を請求する場合の労働審判申立書　　　　130

4 未払い賞与を請求する　　　　135

　書式　未払い賞与の支払いを求めるあっせん申請書　　　　137
　書式　未払い賞与の支払いを求める場合の労働審判申立書　　　　138

5 会社に退職金の支払いを求める　　　　142

　書式　退職金の支給をめぐるトラブル（内容証明）　　　　144
　書式　退職金支払請求（支払督促申立書）　　　　145
　書式　退職金支払請求（少額訴訟訴状）　　　　148
　書式　未払いの退職金の支給を求めるあっせん申請書　　　　150
　書式　未払いの退職金を求める場合の労働審判申立書　　　　151

6 就業規則の変更による賃金の減額、カットの無効を求める　　　　155

　書式　業績不振を理由に賃金をカットされた場合のあっせん申請書　　　156

| 書式 | 業績不振を理由に賃金をカットされた場合の労働審判申立書 | 157 |

第6章　退職勧奨・解雇・雇止めのトラブルと解決法

1	会社に普通解雇の無効と賃金支払いを求める	162
書式	解雇予告手当をめぐるトラブル（内容証明）	166
書式	解雇予告手当支払請求（支払督促申立書）	167
書式	解雇予告手当支払請求（少額訴訟訴状）	170
書式	解雇無効と賃金支払いを求めるあっせん申請書	172
書式	解雇の有効性を争う場合の労働審判申立書	173

2	退職を強要する会社に損害賠償を請求する	179
書式	退職勧奨の停止を求める場合のあっせん申請書	183
書式	退職勧奨の停止を求める場合の労働審判申立書	184

3	パートタイマーが会社に雇止めの無効確認を求める	188
書式	雇止めの無効と賃金の支払いを求める調停申請書	192
書式	雇止めの無効と賃金の支払いを求める場合の労働審判申立書	193

| **Column** | パートと正社員間の不合理な待遇差を設けることの禁止 | 198 |

第7章　セクハラ・パワハラをめぐるトラブルと解決法

1	会社に慰謝料の支払いとセクハラ防止を求める	200
書式	セクハラによる慰謝料請求を求める調停申請書	204
書式	セクハラによる慰謝料請求を求める労働審判申立書	205

2	いじめや嫌がらせが横行する会社の職場環境の改善を求める	210
書式	パワハラの被害者による会社に対する治療代と慰謝料の請求書	214
書式	パワハラ被害者が職場環境の改善と慰謝料を求める調停申請書	215
書式	パワハラ被害者が職場環境改善と慰謝料を求める労働審判申立書	216

3 パワハラやセクハラが原因で治療を受けるには　　220

Column 妊娠を理由とする降格を違法とするマタハラについての最高裁判決　222

第8章　過労死と労災認定・労働審判の手続き

1 過労死は労災である　　224

2 どんな書類を準備するのか　　230

3 申立書はどのように書けばよいのか　　233
　書式　過労死の労災認定を求める申立書　　235

4 意見書とはどんな書類なのか　　239

5 労災認定された場合にはどうする　　242

6 会社と折り合いがつかない場合には労働審判の申立てをする　　246
　書式　過労死を理由に損害賠償を請求する場合の労働審判申立書　　247

7 パワハラで死亡した労働者の遺族が遺族補償年金を請求する　　252
　書式　遺族補償年金支給請求書　　255

第1章

トラブル解決の方法にも
いろいろある

トラブルの法的解決手段にはどんなものがあるのか

トラブルの内容を見きわめて損をしないようにする

訴訟から労働審判、あっせんまで選択肢はさまざま

　民事について紛争が生じた場合、最終的には訴訟（通常訴訟や少額訴訟など）を提起し、裁判所が判断をすることになります。ただ、訴訟以外にも紛争を解決するための手続きには、支払督促、労働審判、あっせん、調停など、さまざまな方法も用意されています。

① **通常訴訟**

　紛争の最終的な解決手段として利用されることが多い手続です。原則的には地方裁判所（回収しようとする金額が140万円以下の場合は簡易裁判所でもよい）に対して訴訟を提起し、勝訴判決を得ることによって債権を回収します。ただし、このような場合、勝訴しても、相手方が支払わなければ債権を回収できません。相手方が支払わない場合には、強制執行（65ページ）の手続をとる必要があります。

② **少額訴訟**

　少額訴訟は、回収しようとする金額が60万円以下の場合に利用できる簡易な訴訟です。訴訟を提起する裁判所は、簡易裁判所となります。手続が簡単なため、自分で手軽に利用できます。

③ **支払督促**

　支払督促は、簡易裁判所の書記官を通じて相手方に対して債務を支払うように督促する手続きで、相手方との間で債権の存在の有無について食い違いがない場合に効果があります。

④ **労働審判**

　労働トラブルにおいて、裁判官である労働審判官と労働問題に精通している労働審判員が協議して審判を下す手続きです。

⑤　裁判所以外の方法での紛争解決方法

　調停（民事調停）は、相手方との協議を行う際に裁判所を利用する
ものです。ただ、任意的な手続きのため、相手方が調停に応じなけれ
ば利用することができません。相手方が調停に応じて合意が成立した
場合には、合意内容を記した調停調書には、訴訟における確定判決と
同じ効力があります（強制執行をすることができます）。

　また、強制執行をすることはできませんが、紛争調整委員会（労働
局）のあっせんや調停、労働委員会のあっせんによるトラブルの解決
という手法もあります。この他、直接の解決手段ではありませんが、
証拠作りや相手方の対応を確認するために内容証明郵便という特殊な
郵便を送付するという方法もあります。

■ 強制執行が可能なさまざまな法的手段 ⋯⋯⋯⋯⋯⋯⋯⋯⋯⋯⋯

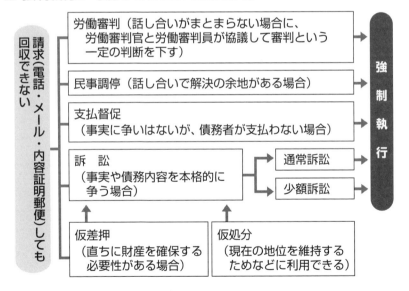

2 紛争処理機関を上手に利用するには

それぞれの違いをおさえておく

裁判所や役所、民間を利用したトラブルの解決

　前述した訴訟や労働審判以外にも、労働上のトラブルを解決するために利用できる機関は多数あります。大きく分けて①裁判所を利用する場合、②役所の紛争処理サービスを利用する場合、③民間の紛争解決サービスを利用する場合があります。

　裁判所を利用する手続きには民事調停があります。国や地方公共団体で行う紛争処理手続きとしては、各都道府県の労働局、労働委員会や労政事務所が行っているあっせんがあります。民間による紛争解決手段としては社労士会や弁護士会が行っている認証ADR（16ページ）があります。以下、それぞれ行われている紛争処理のしくみについて見ていきます。

民事調停を利用する場合

　裁判所で行われる手続きには訴訟や労働審判がありますが、労働トラブルを解決するために**民事調停**を利用することもできます。

　民事調停とは、民間で起こるあらゆる紛争の解決に利用される制度です。簡易裁判所で行われているもので、民事調停法に基づいて行われます。訴訟と比べると手続きも簡単ですから代理人を立てずに自分で行うことができます。

　また、費用もそれほどかからないため、身近な存在となります。合意が成立すると、確定判決と同じ効力を持つ「調停調書」が作成されます。調停調書の存在は、他の紛争処理機関によるあっせんにはない大きなメリットです。

なお、労働審判手続きが予定している3回の期日内では終わらないような場合には、次の段階として、民事調停の活用を検討するのもよいでしょう。

労働基準監督署に申告する場合

　労働トラブルの中には、労働基準監督署（労基署）を利用して解決できるものもあります。労基署は、主として労働基準法（労基法）に違反している会社を是正する役割を担っている国の機関です。

　会社が労基法に違反している疑いがある場合、労働者は労基署にその事実の申告ができます。申告を受けた労基署は、使用者から事情を

■ 労働トラブルの相談先 ………………………………………

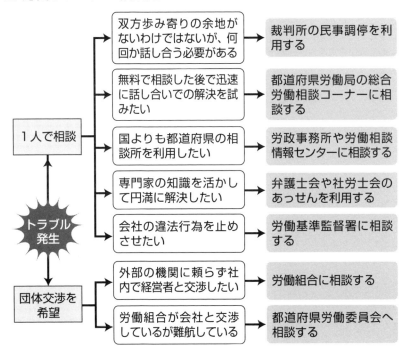

聞いたり、直接出向いたりして調査を行い、事実関係を確認します。その上で、使用者に対して、指導（労基法違反の疑いがある場合などに改善を求めること）もしくは勧告（労基法違反がある場合に是正を求めること）を行います。

労働トラブルについては「何もかも労基署が対応してくれる」というイメージがあります。そのため、労基署は「労働者の味方で、会社の敵だ」という印象を持っているかもしれません。しかし、厳密にいえば、労基署は、トラブルを解決する機関というよりも、会社の行為を改善・是正させる機関と考えておいた方がよいでしょう。会社の間違いを正すという行為が労働者の救済につながるケースがある、ということになります。

▍労働局の個別労働紛争解決制度などを利用する場合

厚生労働省は、個別労働関係紛争の解決に向けた機関として、**総合労働相談コーナー**を設置しています。

相談する内容が、労働条件や労働関係に関する個別労働紛争の場合、「労働局長による指導・助言」を申し出ることもできます。労働局長による指導（紛争の解決策を示すこと）・助言（当事者に紛争解決のための行動を促すこと）は、当事者に対して行われるものです。申し出を受けた労働局の担当者は、双方から事情聴取をした上で、紛争解決のための指導・助言を行います。指導・助言を希望する場合には、相談員にそのことを伝えるようにするとよいでしょう。

セクハラ・性差別などに関する「男女雇用機会均等法」、育児・介護の制度にまつわる「育児・介護休業法」、正社員との待遇差などに関する「パートタイム・有期雇用労働法」、パワハラに関する「労働施策総合推進法」に定める紛争が発生した場合は、**労働局の雇用環境・均等部（室）**に相談する手段もあります。雇用環境・均等部は、これらの法律に基づく労働者と雇用者（会社）との間のトラブルに対

応する国の機関で、紛争解決援助制度として援助や調停が行われます。

労政事務所の紛争解決制度を利用する場合

　労政事務所は、地方自治体が労働紛争の解決のために独自に設置している機関の総称ですが、自治体によっては設置していないところもあります。運営方針や名称も各自治体で異なります。大都市圏ではたいてい他の機関とは独立して活発に活動していますし、その地方特有のケースに特化した対応に重点を置いている自治体もあります。たとえば、東京都の場合には東京都労働相談情報センターという名称の機関が労働紛争の解決に向けて手厚い支援を行っています。しくみとしては労働局や労働委員会と同様、センターの担当者があっせんによって労使の間に入る方式ですが、期日の回数に制限はなく、状況に応じて柔軟に対応しています。

■ 相談機関のメリット・デメリット ……………………………………

	メリット	デメリット
民事調停	調停調書には判決と同様の効力がある	歩み寄りの余地がない場合には利用しにくい
労働基準監督署への申告	会社の違法行為などを指導・勧告してもらえる	あっせんや調停が行われるわけではない
労働局	無料で迅速に解決することができる	話し合いがまとまらないとあっせんは打ち切られる
労政事務所	地方ごとにしくみが整えられている	労政事務所がない地方もある
労働組合	労働者同士助け合うことができる	組合活動に消極的な企業もある
労働委員会	手数料がかからず自分で申立てができる	本来は労働組合と会社のトラブルを解決する制度
弁護士会や社労士会のADR	専門家によるアドバイスが期待できる	申立費用や成立費用がかかる

労働委員会の相談・助言を利用する場合

　労働委員会は、もともと労働組合と会社側の労使紛争（集団的労使紛争）を解決するために設置された機関ですが、現在では労働者個人と会社側との紛争解決にも取り組んでいます。各都道府県に設置されている労働委員会は、個別労働関係の紛争解決のためにあっせんや相談・助言などを行っています。

　労働委員会によるあっせんや相談・助言は、おおむね労働局の制度と同じですが、運用の基準は各自治体によって異なっており、全国一律ではありません。そのため、事前にどのような基準であっせんや相談・助言が行われているのかを調べた方がよいでしょう。

　この制度を利用するのに向いている内容は、労働委員会の設置目的である集団的労使紛争の解決に近い内容、つまり労働組合が関係する紛争を抱えている場合です。

弁護士会や社会保険労務士会の認証ＡＤＲを利用する場合

　認証ADRとは、法的なトラブルを裁判によらずに解決する方法や手段などの総称です。「ADR」「ADR機関」などと呼ばれることもあります。民事調停や労働審判もADRの一種ということになります。労働問題を取り扱うおもなADRとしては弁護士会の紛争解決センターや、全国社会保険労務士会連合会の社労士会労働紛争解決センターなどがあります。弁護士会の紛争解決センターでは、労働トラブルを含めて法律問題全般を扱っています。弁護士会は各都道府県にありますが、令和２年７月現在では、35の弁護士会に38の紛争解決センターが設置されています。

　労働問題を扱う認証ADRとしては、全国社会保険労務士会連合会の社労士会労働紛争解決センターがあります。社会保険労務士や弁護士は労働問題や社会保険について詳細な知識をもっているので、効果的なアドバイスが期待できます。

Q 労働組合のない会社で会社とのトラブルを解決する方法はあるのでしょうか。

A 　労働者と会社との間にトラブルが生じた場合、個人として争うのではなく、労働者全体として労働組合を通じて争った方が適切な場合もあります。労働組合は、労働者が労働条件の維持改善などを目的として自主的かつ民主的に運営する団体です。労働者一人ひとりではその力は微々たるものかもしれませんが、労働組合を軸に労働者が力を結集し、賃上げや待遇の改善などをめざして取り組んでいます。職場内での悩みやトラブルなどは、この労働組合に相談することで解決への道筋がつく場合が多くあります。

　ただし、同じ企業で働く労働者で作る企業内組合だけが労働組合ではありません。また、労働組合はすべての会社に存在するものではなく、中には組合が存在しない会社もあります。

　このように、労働組合に相談したい悩みがあったとしても、自身の会社に労働組合がないような場合には、企業外の労働組合に加入することも一つの方法です。企業外の労働組合には、たとえば、ユニオン（会社外の労働組合で個人でも加入できるもの）や、合同労働組合（会社外で組織された労働組合が集まったもの）という名称で活動している団体があります。このような労働組合には、職種や加入時の人数を問わないものが多くあります。特にユニオンの場合は、労働組合の存在しない中小零細企業の労働者が、辞めさせられそうになった場合に駆け込む場所などに挙げられています。

　このような企業外の労働組合に加入したい場合には、インターネットなどを使って最寄りの組合を検索してみるとよいでしょう。ただし、中には会費や手数料がかかる団体や、労働改善のために行われるイベントへの参加が条件となる場合があるため、よく調べた上で検討する必要があります。

個別労働紛争解決制度を利用するには

どこに相談したらよいのかわからないものも広く扱っている

個別労働紛争解決制度の特徴は何か

「個別労働関係紛争の解決の促進に関する法律」に基づいて作られた**個別労働紛争解決制度**は、労働者と会社間のトラブルが発生するのを未然に防いだり、迅速に解決するために作られた制度です。紛争解決援助の対象となる事案について、都道府県労働局長による助言・指導や、紛争調整委員会によるあっせんが行われます。無料で援助を受けることができるため利用しやすいのが特徴で、深刻な状況となる前に解決できる場合もあります。個別労働紛争解決制度によって都道府県労働局には総合労働相談コーナーが設置されています。

労働者が相談する場合、相手側である会社の事業所を管轄する総合労働相談コーナーに行くのがよいでしょう。相談コーナーでは、労働問題に関する総合的な窓口で、寄せられた相談内容が紛争解決援助の対象となる場合とそうでない場合とに適切に振り分けてもらえます。したがって、法的な知識がない当事者が必要な情報を得たい場合やどこに相談すればよいかわからない場合などの利用に向いています。

どんな紛争が対象なのか

個別労働紛争解決制度の総合窓口となる総合労働相談コーナーが対象とする紛争は、労働問題全般に及びます。たとえば、解雇、雇止め、配転、労働条件の不利益変更、募集、採用、男女均等取扱い、セクハラ、パワハラ、いじめ、嫌がらせなどが含まれます。

総合労働相談コーナーでは労働問題全般についての相談を受けていますが、このうち労働条件その他労働関係に関することについて起き

た個別労働紛争の相談の場合には、労働局長による助言（当事者に話し合いを促すこと）・指導（解決の方向性を示すこと）や、紛争調整委員会によるあっせんの対象となります。具体的には、①労働条件に関する紛争（解雇、雇止め、配転、出向、昇進、昇格、労働条件の不利益変更など）、②労働環境に関する紛争（いじめ、嫌がらせなど）、③雇用契約に関する紛争（会社分割による雇用契約の承継、同業他社への就業禁止など）、④募集・採用に関する紛争、⑤その他労働関係に関する紛争（退職に伴う研修費用の返還、営業車などの会社の所有物を破損した場合の損害賠償に関する紛争など）が対象となります。このうち募集・採用に関する紛争については、労働局長による助言・指導のみを対象としています。

■ 都道府県労働局のあっせん手続きの流れ ·····················

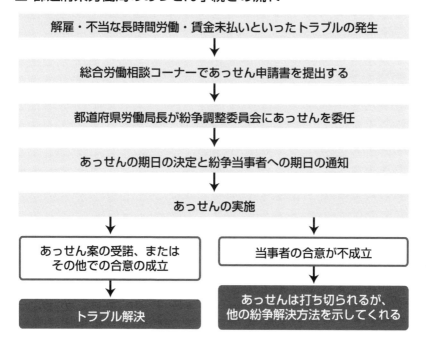

解雇・不当な長時間労働・賃金未払いといったトラブルの発生

↓

総合労働相談コーナーであっせん申請書を提出する

↓

都道府県労働局長が紛争調整委員会にあっせんを委任

↓

あっせんの期日の決定と紛争当事者への期日の通知

↓

あっせんの実施

↓

あっせん案の受諾、または
その他での合意の成立

当事者の合意が不成立

↓

トラブル解決

あっせんは打ち切られるが、
他の紛争解決方法を示してくれる

あっせんの対象にならない紛争にはどんなものがあるのか

　個別労働紛争解決制度の**あっせん**とは、紛争当事者間の話し合いに紛争調整委員会が介入し、双方の言い分を確かめ、紛争当事者間の話し合いを促進することで紛争の解決を図る手続きです。労働審判と同様に個々の労働者と会社のトラブルであれば、原則としてあっせんの対象になります。対象にならないのは、①労働組合と事業主との間で生じた紛争、②労働者間での紛争、③その問題が労働組合と事業主との間ですでに問題として取り上げられていて、解決をめざして話し合いなどが進められている紛争、④募集・採用に関する紛争などです。

　総合労働相談コーナーでは、労働局長による助言・指導や紛争調整委員会によるあっせんの対象とならない紛争については、他の機関と連携をとるといった対応をとっています。セクハラやマタハラなど、トラブルの内容が個別労働紛争解決制度よりも雇用均等室の紛争解決援助制度（22ページ）の方になじむものは、雇用均等室の紛争解決援助制度で対応することになります。

労働局長の助言・指導はどのように行われているのか

　労働局長による**助言・指導**は、紛争当事者に対して紛争の問題点を指摘して解決の方向を示唆することで、紛争当事者が自主的に解決することを促す制度です。総合労働相談コーナーに相談して関連する法律や判例の情報の提供を受け、労働局長による助言・指導について説明を受けた結果、これを利用しようと思った場合、労働者や会社は労働局長による助言・指導を申し出ることができます。申し出を受けた労働局長は、問題点について助言・指導を実施します。当事者がその内容を受け入れた場合は解決したものとして手続きは終了します。

　一方、当事者間がその内容を受け入れず、解決に至らなかった場合には、紛争調整委員会によるあっせんを受けるか他の紛争解決機関による解決をめざすことになります。

紛争調整委員会によるあっせんを受ける場合には、あっせん申請書を提出し、19ページの図の流れに従って手続きを行います。当事者双方が、紛争調整委員会のあっせん案を受諾すれば、紛争は解決となり、あっせん手続きは終了します。なお、あっせんにより合意に至った場合は、民法における和解契約と同等の効力が生じることになります。当事者双方であっせん案とは別の合意が成立した場合もあっせん手続きは終了します。しかし、当事者があっせん案を受諾せず、別の合意にも至らなかった場合には、あっせん手続きは打ち切られます。あっせん手続きが打ち切りとなる場合には、労働局側から当事者に対して、利用するのにふさわしいその他の紛争解決機関を教えてもらえます。

■ 個別労働紛争解決制度の対象になるもの ……………………

対象になる紛争 　募集・採用に関する紛争については、労働局長による助言・指導のみ	● 労働条件に関する紛争 　解雇　雇止め　配転　出向　降格 　労働条件の不利益変更
	● 職場環境に関する紛争 　いじめ　嫌がらせ　セクハラ 　パワハラ
	● 労働契約に関する紛争 　会社分割による労働契約の承継 　同業他社への就業禁止
	● 募集・採用に関する法律 　募集　採用
	● その他労働関係に関する紛争 　退職に伴う研修費用の返還 　会社の所有物を破損した場合の 　損害賠償に関する紛争
対象にならない紛争	労働組合と事業者間の紛争 労働者間での紛争 労働組合と事業者間ですでに解決による 話し合いが進められているもの

4 雇用環境・均等部の紛争解決援助制度を利用するには

性別、育児・介護、非正規雇用などに関するトラブルに特化している

雇用環境・均等部による紛争解決援助制度とは

　性別を理由とした差別的取扱い、セクハラ、育児休業の取得を理由とする不利益取扱い（マタハラなど）、パートタイム労働者に対する不当な取扱い（正社員との待遇差・昇給差など）、パワハラなどのトラブルについては、労働局の雇用環境・均等部（室）の紛争解決援助制度を利用することができます。具体的には、後述する労働局長による援助の他、調停会議による援助の利用ができます。

　紛争解決援助制度の対象は、男女雇用機会均等法、育児・介護休業法、パートタイム・有期雇用労働法、労働施策総合推進法に定める紛争に限られることから、個別労働紛争解決制度とは別の制度です。

　男女間の性別にまつわるトラブルや、育児・介護との両立にまつわるトラブル、パートタイム労働者をはじめとする非正規雇用にまつわるトラブルは、昨今特に増加しているため懸念材料となっており、適切な対応が必要とされます。雇用環境・均等部は、このようなトラブルに関する紛争解決に向けた活動を行っています。

　なお、2020年（令和2年）6月以降は、労働施策総合推進法に基づいて、パワハラに関するトラブルも、紛争解決援助制度の対象に含まれるようになっています。これは、パワハラ防止措置義務が事業主に課されたことに伴うものです。

紛争解決援助制度には2種類がある

　雇用環境・均等部の紛争解決援助制度を利用する場合、①都道府県労働局長による援助、②調停会議による援助、のいずれかを選択して

利用することになります。いずれの場合も、いきなり申立てを行うよりは、まずは雇用環境・均等部に相談を行うという形をとります。費用や手数料は無料で、経済的負担を気にせずに申し出ができることが特徴です。なお、調停により互いが合意に至った場合は、民法における和解契約と同等の効力が生じることになります。

▎都道府県労働局長による紛争解決の援助

①の**都道府県労働局長の援助**とは、都道府県労働局長が、公正・中立な立場から、当事者双方の意見を聴取し、問題解決に必要な具体策の提示（助言・指導・勧告）をすることにより、トラブルの解決を図る制度です。

調停会議を通すよりも簡潔な方法となるため、トラブルの解決を急ぐ場合などに利用を行います。

▎調停会議による紛争解決の援助

調停会議による援助は、調停手続きによって行われます。弁護士や大学教授といった調停委員が、当事者である労働者と事業主の双方から事情を聴き、紛争解決の方法として調停案を作成し、当事者双方に調停案の受諾を勧めることで、トラブル解決を図ります。調停手続きは非公開です。

たとえば、男女雇用機会均等法の場合は「機会均等調停会議」、育児・介護休業法の場合は「両立支援調停会議」、パートタイム・有期雇用労働法の場合は「均等待遇調停会議」を利用します。第三者の機関が介入し、当事者の双方から事情を聴取するという形をとるため、より公平性の増した方法で問題解決に向かうことができます。

トラブルになったらまず内容証明郵便を出してみる

相手方に対して心理的プレッシャーを与えることができる

内容証明郵便とは

内容証明郵便は、誰が・いつ・どんな内容の郵便を・誰に送ったのか、を日本郵便株式会社に証明してもらえる特殊な郵便です。

郵便は、正確かつ確実な通信手段ですが、それでも、ごく稀に何らかの事故で配達されない場合もあります。一般の郵便ですと、後々「そんな郵便は受け取っていない」「いや確かに送った」、というような事態が生じないとも限らないわけです。内容証明郵便を利用すれば、そうした事態を避けることができます。

たしかに、一般の郵便物でも書留郵便にしておけば、郵便物を引き受けた時から配達されるまでの保管記録は郵便局に残されます。しかし、書留郵便では、郵便物の内容についての証明にはなりません。その点、内容証明郵便を配達証明付ということにしておけば間違いがありません。郵便物を発信した事実や相手に配達された事実だけでなく、郵便物に書かれている内容（記載内容）までも証明してもらえます。これは、後々訴訟になった場合に、強力な証拠になります。

内容証明郵便のメリット

内容証明郵便には以下のようなメリットがあります。

① **心理的圧迫、事実上の強制の効果がある**

内容証明郵便には、心理的圧迫や事実上の強制の効果があります。「こととしだいによっては裁判も辞さない」といった差出人の堅い決意がそこから読みとれることが多く、強烈な心理的効果をもちます。通常の郵便とは異なる形式で、印鑑などの外観も重厚感があるため、

特に金銭債権の債務者にとって、債務を履行するべきであると自発的に考えることを促進する効果が高いといえます。

② 差出人の真剣さが伝わる

①とも重なりますが、通常の手紙ではなく、あえて内容証明郵便を送付したということから、相手方に対し、「裁判も辞さない」といった差出人の堅い決意・真剣な態度を示すことができます。停滞した交渉を進展させる契機となることもありえます。

内容証明郵便は、特殊な郵便物です。相手側からすれば、一方的に通知を受け取るのですから、「この通知が特殊な効力をもっているのではないか、このままではまずい」と不安になり、何らかのアクションを起こしてくることがあります。

③ 証拠づくりのために利用できる

後々の訴訟などの法的手段に備えて、証拠づくりのために内容証明郵便を送付することがあります。

■ 内容証明郵便の使い方 ···

用　紙	市販されているものもあるが、特に指定はない。 B4判、A4判、B5判が使用されている。
文　字	日本語のみ。かな（ひらがな、カタカナ）、 漢字、数字（算用数字・漢数字）。 外国語不可。英字は不可（固有名詞に限り使用可）
文字数と 行数	縦書きの場合　　：20字以内×26行以内 横書きの場合①：20字以内×26行以内 横書きの場合②：26字以内×20行以内 横書きの場合③：13字以内×40行以内
料　金	文書1枚（440円）＋郵送料（84円）＋書留料（435円） ＋配達証明料（差出時320円）＝1279円 文書が1枚増えるごとに260円加算

※令和元年10月1日消費税10％改訂時の料金

■ 内容証明郵便の文字数と行数 ···

縦書き

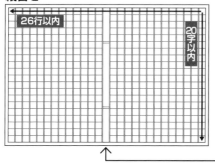

26行以内

20字以内

用紙の大きさに制限は
ありませんが、Ｂ４判や
Ａ４判を使用するのが
一般的です。

このスペースは、この用紙に
特有のものであり、文字数・
行数には含まれません

横書き@

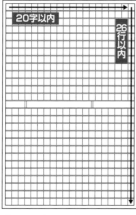

20字以内

26行以内

横書き⑥

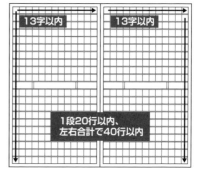

13字以内　　13字以内

1段20行以内、
左右合計で40行以内

横書き©

26字以内

20行以内

※本書の文例は、横書き@のパターンで
　作成しています

労働審判のしくみ

労働審判にはどんな特徴が あるのか

訴訟よりも少ない負担で実効的にトラブルを解決できる

労働審判手続きとはどんな制度なのか

　労働者と会社との間にトラブルが生じた場合、労働者は裁判所に民事訴訟（訴訟）を起こすことができます。ただ、訴訟をする場合には相手方も本格的に争ってくることが多く、1つの問題点を解決するだけでも年単位の期間がかかることがあります。また、証拠を調べるために行われた裁判官の出張費用や書類の送付のための費用は、申し出た当事者が一時的に支払わなければならず、経済力のない労働者にとっては負担が重すぎるというデメリットもありました。

　また、労働トラブルの解決を目的とする訴訟以外の代表的な制度として都道府県労働局による紛争解決制度が用意されています。都道府県労働局の紛争調整委員会が行っているあっせんによる紛争処理（20ページ）は時間や費用の点では訴訟に比べて負担が少ないのですが、最終的に当事者の話し合いがまとまらないとトラブルが解決しないため、実効性がやや欠けるという問題がありました。

　そこで、訴訟よりも少ない負担で、かつ実効的にトラブルを解決できる制度として創設されたのが**労働審判制度**です。労働審判は、話し合いがまとまらない場合に、裁判官である労働審判官と労働問題に精通している労働審判員が協議して審判という一定の判断を下すことができる点で、効果的なトラブル解決方法だということができます。

時間がかからないがそれなりに準備も必要

　会社との間にトラブルが生じた時に、**訴訟**という手段をとると、解決までの時間がかかりすぎるという難点があります。たとえば、訴訟

を提起するとなると、弁護士の選任、訴えを起こすまでの打ち合わせ、事前準備だけでも数か月かかることがあります。また、複数回にわたって口頭弁論（裁判所で行われる審理のこと）などが開かれる場合、弁護士や裁判所の日程を調整する必要があるため、期日と期日の間が１か月以上空くこともあります。そのため、第一審の判断が出るまでに１年程度かかることもあります。勝訴したとしても会社側から控訴（第一審の判断に不服がある場合に上級裁判所に再度の審理を求めること）された場合にはさらに時間がかかることになります。

　これに対し、労働審判は原則として３回以内の期日で審理を終えるというしくみをとっています。具体的な期間としては、労働審判の申立書が提出されると原則40日以内に第１回期日が指定されます。第１回期日の後の第２回期日、さらに第３回期日はそれぞれ数週間から１か月程度の間で決められることが多いようです。長く見積もっても３〜４か月で結論が出るようになります。

　３回の期日で終わるということは、当然手続きについてもスピードが要求されます。訴訟を起こす場合、用意する書類はかなりの量にのぼりますが、労働審判では申立書や答弁書（労働審判を申し立てられ

■ 労働審判のメリット・デメリット ……………………………………

メリット	デメリット
・３〜４か月程度での解決が見込める ・話し合いがまとまらない場合には審判という一定の判断が下される ・訴訟に比べて申立手数料が安い ・紛争の実態をふまえた柔軟な解決が可能	・３回以内の審理での解決になじまない事件には不向き ・審判に不服のある当事者が異議を申し立てた場合、もう一度訴訟で争わなければならなくなる ・使用者と労働者には力の差があるため、労働者が本人申立てを行うことが困難なこともある

た相手方が提出する書面）、証拠書類を提出する期日が限られている
ため、主張や証拠の提出漏れがないように留意する必要があります。
手続きは口頭による事実確認によって進行していきます。口頭の手続
きで進行するので書類を読み込む負担が減り、進行も速やかになりま
す。ただ、逆の見方をすれば短い時間でやりとりをすることになりま
すから、周到な準備をしておかなければなりません。

■審判には裁判官以外の人も参加する

　労働審判は、裁判所で行う手続きでありながら、審理を行う側に裁
判官以外の人が加わります。具体的には労働審判手続きは1人の労働
審判官と2人の労働審判員による合議（労働審判委員会）で行われ、
その評決は過半数で決します。内訳は裁判官1人に加え、労働者側と
会社側から労働事件について専門的知識をもっている労働審判員が1
人ずつです。最終的には3人の過半数で意見を決めます。

　裁判官は法律については専門家ですが、企業などで長期間労働者と
して働いた経験をもっている人はあまり多くないのが通常です。その
ため、労働事件で裁判官が実情に即した解決案を示すことができてい
るのかという疑問がこれまでありました。

　労働審判では専門家ではない現場の人間が加わることでこのような
問題を克服し、より納得のいく解決策が示されるのではないかという
期待がなされており、実際、効果も出ているようです。

■まずは調停をめざし、まとまらない場合に審判を出す

　労働審判が申し立てられたとしても、まずは調停という手段によっ
て解決をめざします。

　調停とは当事者の間に別の者が介入して、双方が互いに譲り合い、
和解を成立させることです。平たく言うと第三者（労働審判委員会）
が解決策をアドバイスすることで、話し合いをまとめることです。訴

訟でも訴えが起こされた後に当事者間で和解（当事者のお互いが譲歩することで争いをやめること）が成立することがあります。ただし、これは裁判所が判決か和解かいずれかによる解決を図ることができるということで、「まず話し合いありき」というものではありません。

これに対して労働審判では最初は調停による解決をめざし、その解決ができない場合には実情に即した形での解決案を審判という形で出すということになります。「話し合いによる解決ができない場合には判断を下す」という点で地方自治体や労働局などが実施しているあっせん制度（16・20ページ）よりも一歩進んだものとなっています。

なお、調停によって合意がなされた場合、労働審判による判断が出た場合、いずれの場合においても確定すると強制力を有します。つまり、従わない場合には労働審判が行われていた地方裁判所を利用した強制執行によりその決定事項を実行することができます。

▌費用が安い

労働審判手続きは訴訟と比べて手数料が安いという特徴もあります。具体的には訴額当たりの手数料は一般民事訴訟の半分と定められてい

■ 労働審判と他の手続きとの比較 ……………………………………

	労働審判	民事訴訟	労働局のあっせん
判断する人	労働審判員（2名）と労働審判官	裁判官のみ	あっせん委員（弁護士や大学教授）
必要になる手数料	民事訴訟の半額の手数料がかかる	訴訟を提起するための手数料がかかる	無料
解決するための手段	調停もしくは審判によって解決	和解もしくは判決によって解決	あっせんによる話し合いの成立により解決
解決にかかる時間	期日3回、3〜4か月で解決	長ければ1年以上	申請から1〜2か月で解決

ます。たとえば、200万円の未払い賃金を請求する場合に労働事件という形で訴訟を起こすと申立ての手数料は1万5000円ですが、労働審判を申し立てる場合には7500円となります。

　なお、仮に労働審判で解決できず、訴訟へと移行する場合にはすでに納めた手数料は、訴えを起こす際の手数料に充当されることになります。前述した例でいいますと、200万円の未払い賃金請求訴訟を起こすには1万5000円が必要ですが、その半分は先の労働審判の申立てで支払ったものが充当されますので、原告は残りの7500円を納めればよいことになります。もっとも、労働審判は短期間でトラブルの迅速な解決を可能にする制度として高く評価されている一方、結果的に利用者の経済的負担が小さくないという問題点も指摘されています。

　確かに、労働審判の申立て自体は訴訟に比べて低額ですが、扱われる書類の量が多く短期間で処理する必要があるために、一般に、依頼を受けた弁護士が代理人となって申し立てるケースが大半です。弁護士に依頼すると、着手金20〜30万円、報酬金30〜50万円前後の弁護士費用が必要になるため、申し立てる労働者に金銭的な負担が伴うことになります。

▍非公開手続きで訴訟よりも柔軟

　裁判所で行われる裁判手続きは、一般の人々に公開されることが憲法上の要請となっています（裁判の公開）。

　しかし、労働審判手続きは当事者同士が話し合いをしながら調停による解決をめざしていくものですから、その判断に誤りがないかどうかを一般に示すという要請は低く、当事者が納得すれば、申立てとは異なる調停案を示してもよいとされています。そのため、労働審判手続きは非公開とされています。ただし、トラブルを解決のためにあらかじめ関係者を呼ぶことはできますし、また、労働審判委員会が許可を出せばその場で関係者が参加することも可能です。

どんな場合に利用できるのか

個別労働関係民事紛争を対象とする

　労働審判法5条には「当事者は、個別労働関係民事紛争の解決を図るため、裁判所に対し、労働審判手続きの申立てをすることができる」と規定されています。

　個別労働関係民事紛争とは、労働組合を通じてではなく、個々の労働者と会社との間に生じるトラブルです。解雇や賃金カット、長時間労働といった問題が生じたときに、被害を受けた労働者個人が会社と争う場合に個別労働関係民事紛争として扱われることになります。労働組合と使用者との争いは、個別労働関係民事紛争ではないため、労働審判の対象にはなりません。

　労働審判を申し立てることができるのは、個別労働関係民事紛争の当事者です。この当事者とは、使用者と労働者双方を指します。実際に労働審判を申し立てるのは使用される側つまり労働者であることが大半ですが、たとえば大きなミスをして会社に損害が生じた場合などに使用者が労働者を相手にして労働審判を申し立てることも可能です。

　また、労働者については正社員や契約社員はもちろんのこと、パート、アルバイト、派遣労働者（派遣元との関係、派遣先との関係双方を含みます）も労働者にあたるとされています。ですから、派遣労働者やアルバイトの人達にとっても大いに活用できる制度です。

　「労働者といえるかどうか」については契約の形式ではなく、働き方の実質で判断されます。たとえば、名目上は請負契約という形式で働いているが、実質上労働者のように会社に従属して働いているとしましょう。請負は注文主から仕事の依頼を受ける契約ですが、仕事は

請負人の判断で行うことができるものであり、注文主に従事して働くわけではありません。にもかかわらず、注文主の指揮・命令の下で働いているとすると、それは請負ではなく、雇用つまり労働者として扱われることになり、労働者として労働審判を起こすことも可能になるのです。

個別的労働関係と集団的労働関係の関係は

個々の労働者と使用者との間の関係を個別的労働関係と呼ぶのに対して、労働組合と使用者の間の関係を**集団的労働関係**と呼びます。

ただ、個別的労働関係と集団的労働関係はまったく関連性がないというものではなく、賃金の切り下げや整理解雇について、個人として使用者と争えば個別的労働関係、労働組合として使用者と争えば集団的労働関係になります。同じトラブルでも争い方によって個別的労働関係と集団的労働関係に分かれるということです。

■ 集団的労働関係と個別的労働関係の比較 ……………………………

	集団的労働関係	個別的労働関係
意味	労働者の集団（労働組合）と会社との間の関係のこと	個々の労働者と会社との間の関係のこと
おもな トラブル	・団体交渉（労働組合による会社との交渉のこと）の拒否 ・労働組合に加入した者に対する不利益な取扱い ・労働組合への不当な介入	解雇、セクハラ、賃金カット残業代未払い、長時間労働
トラブル 解決手段	都道府県の労働委員会への救済申立て、民事訴訟の提起	労働審判、都道府県労働局によるあっせん、民事訴訟の提起

3 労働審判になじまない事件もある

組合に関するもの、労働トラブルといえないものなどは対象外

対象にならない事件とは

個別労働関係民事紛争は、使用者と個人労働者の間に生じた労働に関する紛争です。その意味からすれば、たとえば以下のような場合には労働審判の対象にはならないということになります。

① 労働組合を通じて争うもの

たとえば、労働者が労働組合を通じて労働者全体として争うような紛争は、集団労働関係についての紛争なので、労働審判の対象にはなりません。ただし、労働組合の組合員である個人の労働者が不当解雇されたときに、その労働者が個別に地位確認などを求める場合には、労働者個人と会社のトラブルとして労働審判の対象となります。

② 労働トラブルとはいえないもの

労働に関する紛争でなければならないので、たとえば使用者と労働者がそれぞれ個人としてお金の貸し借りをした場合なども労働審判の対象にはなりません。労使間で傷害や詐欺といった刑事事件が起きた場合に使用者の処罰を求めて労働審判を申し立てることはできません。

③ 公務員としての身分を争うもの

たとえば、公務員の使用者は国や地方公共団体ということになりますが、公務員と国・地方公共団体との関係は労働者と会社との関係とは異なるため、公務員の身分に関する争いは労働審判の対象外とされています。ただし、公務員であったとしてもセクシュアル・ハラスメント（性的な嫌がらせのことで略してセクハラという）やパワー・ハラスメント（職場内の権力を利用した嫌がらせのことで略してパワハラという）などについては、労働審判の対象となるトラブルにあたる

とされています。

④　労働者同士のトラブル

　使用者と労働者の間のトラブルであることとされていますから、た
とえば、労働者間でのトラブルは個別労働関係民事紛争であるとはい
えず、労働審判の対象にはなりません。ただし、この場合もセクハラ
やパワハラなどの被害については、使用者側にその責任があるという
ことで、使用者側を相手にして労働審判を起こすことができます。

　たとえば、Aさんが上司のBさんからセクハラを受けた場合、会社
Cにセクハラに対する使用者責任（社員が会社の事業を行う際に、第
三者に損害を与えたときには、会社が責任を負うこと）があるという
ことで、AさんはC会社を相手に労働審判の申立てができます。この
場合、労働審判委員会はBさんを関係者として呼ぶこともできます。

▌対象にはなるが、労働審判になじまない事件

　前述した①から④のケースにあたらないような労働者と会社の間の
トラブルはすべて労働審判の対象になるかというとそうでもありません。

　労働審判は原則として3回の期日で解決を図る手続きです。しかし、
現実には3回の期日だけでは解決手段を見出せないようなケースも
多々あり、このような場合にムリに解決手段を示すのはかえって望ま
しくないケースになる場合もあり得ます。

　個々のトラブルによって判断は異なりますが、以下のようなケース
では労働審判による解決が難しいかもしれません。

①　賃金に差別がある場合

　男女間をはじめ、従業員間の賃金の差別が問題となる場合、争いが
複雑になるケースが多く、3回以内の決着を予定する労働審判には不
向きとされています。

②　複雑な整理解雇

　会社の整理解雇（リストラ）をめぐってトラブルが生じた場合、リ

ストラの必要性、リストラを避けるための努力をしたかどうか、解雇される者の選定に問題はないか、適切な説明・協議をしたかどうかの判断が必要になります。具体的なケースによって異なりますが、審理が長期化するほど問題点が多い場合には、労働審判にはなじまないことになります。

③　労働条件の不利益変更

　労働条件の不利益変更とは、会社が賃金を低下させたりすることです。会社の手続き違反が明らかな場合には労働審判での決着も可能ですが、会社が就業規則などで定められた手続きを踏んだ上で労働条件を変更しているような場合、争う正当な理由があるとしても、審理が長期化する傾向にあります。そのため、労働審判よりも訴訟で争う方が適切だといえる事案も多くなります。

④　過労死などの問題

　過労死とは、長時間労働・深夜勤務を原因とする過度のストレスが原因で脳出血や心筋梗塞を引き起こし、死亡することをいいます。労働者が過労死した場合、遺族の会社に対する請求としては損害賠償請求があります。会社側もある程度主張を認めていて金額だけが争われている場合には労働審判であっても解決が可能かもしれませんが、会

■ **労働審判の対象とならないトラブル** ……………………………

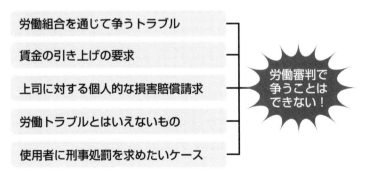

労働組合を通じて争うトラブル

賃金の引き上げの要求

上司に対する個人的な損害賠償請求

労働トラブルとはいえないもの

使用者に刑事処罰を求めたいケース

労働審判で争うことはできない！

社が責任そのものを否定している場合、本格的に争われる可能性が高いため、労働審判には向かない可能性が高いといえます。

どのようなケースが適しているのか

たとえば、残業代を支払ってもらえない、または一部しか支払ってもらえない場合を考えてみましょう。もちろん労働審判手続きとして申し立てることは可能ですが、**労働基準監督署**に相談をすることも考えられます。労働基準監督署は、労働基準法に違反している会社に対して働きかけを行い、是正をしていくための機関です。法律で定められた方法に沿って残業代が支払われていない場合は、相談をすることで会社側に対して正しい額の支払いを勧告してもらえます。ただし、労働基準監督署はあくまでも「労働基準法違反を正す」ことが目的であるため、必ずしも労働者の味方というわけではなく、会社側に法律違反の疑いがある段階で動く機関です。そのため、相談後に実際に監督署が動くまでにはある程度の時間を要する場合があります。そして、労働基準監督署が会社に対して残業代を払うように勧告してもなお、会社が従わない場合に労働審判手続きを申し立てるという二段構えの方がよいでしょう。

解雇されてしまったという場合、これは残業代の不払いなどと比べると深刻ですが、解雇そのものに納得できない場合には労働審判を利用するとよいでしょう。ただし、会社側が断固たる態度で解雇の意思を示していて対立の根が簡単に埋まりそうにない場合には労働審判の申立てをしても、異議という手続きにより訴訟に移行する可能性があります。対立が大きい場合や、とにかく決着をつけるという場合は訴訟ということになりますが、時間も費用もかかるのが難点です。

このように、それぞれの方法には長所と短所がありますので、自分のケースに一番適当な解決手段を見つけていきましょう。

4

どこの裁判所に申し立てるのか

管轄の地方裁判所に申し立てる

労働審判の申立てはどこに対して行うのか

　労働審判は**地方裁判所**に申し立てることになります。民事訴訟については140万円以下の請求であれば簡易裁判所に対して行うこともできますが、労働審判については訴額（相手方に請求する金額）に関係なく地方裁判所に対して申し立てることになります。全国の地方裁判所には本庁と支部がありますが、原則として支部では労働審判の受付は行われていません。

　とはいえ、地方裁判所であればどこでもよいということにはなりません。管轄権のある地方裁判所に対して申し立てる必要があります。管轄とは、その裁判所が担当することができる事件の範囲のことを意味します。管轄は以下のような基準で決められています。

① **会社の住所、営業所、事務所所在地を管轄している地方裁判所**

　たとえば、労働者が申し立てる場合、本社が東京の会社であれば、本社所在地が会社の住所なので、東京地方裁判所に申し立てることができます。また、本社以外に独立して営業する営業所があれば、その営業所の所在地を管轄する裁判所に申し立てることもできます。

② **労働者が勤務している、または最後に勤務していた事業所所在地を管轄している地方裁判所**

　たとえば、労働者が大阪の事業所で働いている場合は、大阪地方裁判所に申し立てることもできます。

③ **会社と労働者との間で合意した地方裁判所**

　たとえば、雇用契約の中で、東京地方裁判所に管轄があると定めていた場合は、東京地方裁判所に申し立てることもできます。

管轄を間違えるとどうなるのか

　労働審判の申立ては、前述したように管轄が決まっており、担当することができない裁判所に申し立てることはできません。

　労働審判事件の全部または一部がその管轄に属さないことが判明した場合、当事者の申立てまたは裁判所の判断によって、申立てを受け付けることができる裁判所に事件を移すことになります。この手続きのことを移送といいます。

　ただ、労働審判事件が申し立てられた地方裁判所の管轄に属する場合であっても、事件の処理のために適当と判断されたときには、当事者の申立てや裁判所の判断によりその労働審判事件の全部または一部を他の管轄裁判所に移すことができます。

■ 労働審判を申し立てることができる裁判所 ・・・・・・・・・・・・・・・・・

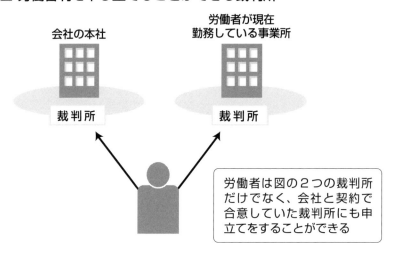

会社の本社

労働者が現在
勤務している事業所

裁判所　　　　　裁判所

労働者は図の2つの裁判所
だけでなく、会社と契約で
合意していた裁判所にも申
立てをすることができる

Q 労働審判手続きで、当事者の代理人になることができるのは弁護士だけでしょうか。

A 労働審判は弁護士に依頼せず、労働者本人が自分で申し立てることができます。

　しかし、会社との間で何かトラブルが生じた場合、労働審判という行為自体を知らない労働者が多くいることも実情です。また、知っていたとしても、自分で労働審判を申し立てる行為に抵抗を感じる人も多いことが予想されます。これは、労働者の多くがそのような争いごとに慣れていない上に、専門的な知識を持ち合わせていないことが多いためです。そこで、手続き自体を代理人に依頼する方法が考えられます。代理人とは、本人に代わって訴訟手続きを進めることができる人のことです。

　労働審判手続きについては、労働審判法により「法令により裁判上の行為をすることができる代理人の他は、弁護士でなければ代理人となることができない」と定められています。

　ここでいう「法令により裁判上の行為をすることができる代理人」というのは、商法上の支配人、未成年者の親権者といった立場にある人のことです。専門的な知識を駆使して行われる裁判がスムーズに進むように助けることのできる能力を持つ者や、裁判の元となる事件の内容を知り尽くしている者などがこれに該当します。

　ただし、当事者の権利や利益を守る必要がある場合や、労働審判手続きが円滑に進行するために必要・相当であると認められた場合は、裁判所の許可により、弁護士でない者を代理人とすることが可能になります。ただし、実際にこの基準を満たして代理人になることができる人は少ないのが現状です。労働組合の執行役員や労働担当者であれば、代理人に選任される可能性はありますが、会社で単に人事労務部に勤めているという程度では代理人になることは難しいでしょう。

5

いつまでに申し立てればよいのか

「いつまで」という規定はないが5年以上前の事件については難しい

申立てに期限はあるのか

　労働審判法には「労働審判を○○○までに申し立てなければならない」という申立ての期限に関する規定は設けられていません。しかしながら、無制限に過去の労働トラブルについて、労働審判の申立てができるというものでもなく、そこには一定の制限があります。

ケース1　Ａさんは営業職で、５年程前から平日深夜まで仕事を行うことや、休日出勤をすることが多く、残業時間は月60時間近くになるが、会社は月30時間を超える分の残業代を支給してくれない。

　労働基準法によれば、退職金を除く賃金の請求権は３年（令和２年３月までに発生した分は２年間）で**消滅時効**（権利者が一定の期間権利を行使しない場合にその権利を消滅させる制度のこと）にかかります。この賃金には残業代も含まれるため、Ａさんの場合、申立ての時点から過去３年分の未払残業代（通常の残業代・深夜手当・休日手当など）のみを請求できます。

ケース2　10年前に会社を退職した際、退職金を支給されなかったＢさんは、今まで何らのアクションも起こしていなかったが、唐突に労働審判で退職金を請求しようと思い立った。

　労働基準法によれば、退職金の請求権は５年で消滅時効にかかるた

め、10年前の退職金請求権はすでに消滅時効が成立しています。この場合に労働審判手続きを申し立てても、解決は難しいでしょう。

> **ケース3** Ｃさんは３年前に会社を解雇されたが、今回、労働審判手続きを申し立てようと思い立った。

　５年、10年前の解雇につき労働審判を申し立てるのは難しいですが、３年前であれば申立てはできそうです。ただし、最終的な解決を図ることが可能かどうかは、解雇後から労働審判を申し立てるまでのＣさんの対応によるでしょう。たとえば、Ｃさんが解雇後、労働組合などを通じて復職を模索していたが、解決に至らず最終的に労働審判を申し立てたのであれば、労働審判を通じて解決ができそうです。

　しかし、Ｃさんが別の会社に就職していて、そこで３年働いているにもかかわらず、突然、前社の解雇につき労働審判を申し立てた場合には、納得のいく解決が図れないことが多いでしょう。

　なお、ケース１、ケース２で「消滅時効」という言葉がでてきましたが、たとえば、会社から賃金が支払われていない状況で３年が経過しても、当然に消滅時効が成立して権利が消滅するわけではありません。会社が未払賃金の存在を承認した場合（通常はあまりないですが）は時効が更新します（時効期間がゼロに戻ります）。また、残り６か月で消滅時効が成立する段階で、労働者から「未払賃金を支払え」と催告（裁判外で通告すること）することで、６か月だけ消滅時効の成立が猶予されます。その６か月の間に消滅時効の成立を阻止するために訴訟を提起します（訴訟を提起しないと消滅時効が成立します）。

　時効の更新・完成猶予を生じさせたい場合は、これらを生じさせる行動をした証拠を残す必要があります。口頭でするのではなく、内容証明郵便（24ページ）などの書面を活用するのがよいでしょう。

6 費用はどのくらいかかるのか

申立手数料以外に弁護士費用もかかる

労働審判の申立手数料

労働審判の申立手数料は、通常の民事訴訟の半額です。算定基準については、請求金額がはっきりしている場合、たとえば、未払賃金の支払いを求める場合には、それを基準に手数料を算出します。

では、請求金額がはっきりしない場合、たとえば、解雇されたときに地位確認と賃金支払いを求めた場合、申立手数料はどうなるのでしょうか。この場合、解雇に伴う賃金支払いについては、「解雇されてから申立てを行うまでの期間の賃金＋３か月分の賃金」をもとに請求金額を算出して、申立手数料を決めるという運用がなされています。

たとえば、月給40万円で働いていたＡさんが、解雇されてから１か月後に労働審判の申立てをした場合の請求金額は、以下の計算式のように解雇から申立てまでの１か月分である40万円に３か月分の賃金を加算した金額になります。

$$40万円 + （40万円 \times 3） = 160万円$$

160万円の場合、裁判所への手数料は6500円です。上記の「３か月分の賃金」は、労働審判が３か月程度かかることが前提になっているからです。つまり、３か月間の賃金も労働審判の対象になっていると考えられているためです。これに対し、解雇されたときに労働者としての地位確認だけを求める場合には、請求金額は一律160万円とみなされます。そのため、手数料は6500円ということになります。

また、労働者としての地位確認と賃金支払いの労働審判を一度に申し立てる場合には、解雇が無効であればどちらも認められるものです

から、実質的に１つの申立てとして扱われます。したがって、両方を申し立てる場合は、「解雇から申立てまでの期間の賃金＋３か月分の賃金」と160万円のうち高い方が請求金額となります。前述の例では共に160万円ですので、手数料は結局6500円となります。なお、実際には申立手数料以外にも、相手側に申立書を郵送するための切手代などが別途必要になります。

　これらの申立費用は、最終的には、結論に応じて、申立人と相手方とで分担することもあります。

■ 民事訴訟（訴え）と労働審判の手数料の比較 ……………………

請求金額（万円）	民事訴訟を提起するための手数料（円）	労働審判を申し立てる場合の申立費用（円）
10	1000	500
20	2000	1000
30	3000	1500
40	4000	2000
50	5000	2500
60	6000	3000
70	7000	3500
80	8000	4000
90	9000	4500
100	1万	5000
200	1万5000	7500
300	2万	1万
400	2万5000	1万2500
500	3万	1万5000
600	3万4000	1万7000
700	3万8000	1万9000
800	4万2000	2万1000
900	4万6000	2万3000
1000	5万	2万5000

労働審判の申立費用は民事訴訟を提起する場合の手数料の半額になる

※ 本表は裁判所のホームページ掲載の表を抜粋したもの　実際には請求金額によってもっと細かく区分されている

7 労働審判申立書を作成する

決められた事項を順序立てて書くこと

申立ての趣旨や理由を記載する

　労働審判による判断を求める場合、当事者が労働審判の申立てをすることになります。当事者であればどちらでもよいので、労働者からでも、会社側からでも申し立てることができます。

　裁判所に何らかの手続きの申立てを行う場合には通常、申立てに関する書面の提出が必要になります。労働審判の場合も変わらず、申立書を管轄している地方裁判所に提出して労働審判の申立てを行うことになります。申立ては申立書を提出して行わなければならず、口頭で申し立てることはできません。

　弁護士に依頼した場合には弁護士が申立書を書くのが通常ですが、そうでない場合には自分で書くことになります。申立書には以下の事項を記載します。

① 　申立ての趣旨

　たとえば、「退職金500万円の支払いを求める」というのが申立ての趣旨です。労働審判を通して求める主張を記載することになります。申立ての趣旨として複数の記載をする必要がある場合には「1、2、3」と番号を振ります。

　申立ての趣旨を記載した後に、改行して「～との労働審判を求める」という文章を書くと趣旨がはっきりします。

② 　申立ての理由

　申立書の趣旨で「退職金500万円の支払い」を求める場合には、退職するまできちんと働いていた事実、退職金が発生する事実、退職金に関する就業規則の規定などを記載することになります。

③　予想される争点とその争点に関連する重要な事実

　たとえば、相手方が「これこれの条項から退職金を支払う必要がない」など反論して争点になりそうな場合にはその争点を書きます。

④　予想される争点ごとの証拠

　③で記載した事実についての申立人が提出する証拠を記載します。証拠の記載方法にもルールがあり、記載する順に第1号証、第2号証、第3号証と番号をつけます。さらに、申立人が提出する証拠については、頭に「甲」という文字をつけます。結果として、申立人が提出する証拠は「甲第1号証」「甲第2号証」「甲第3号証」という書き方をすることになります。

⑤　当事者間で行われた交渉、その他申立てに至る経緯の概要

　労働審判前に当事者間で交渉したとか、都道府県労働局のあっせんなどを利用してトラブルの解決を図ろうとしたような事実がある場合にはそのような経緯を記載することになります。この経緯を具体的に書くことで、当事者間で争いになっている点が明確になり、審判手続きがスムーズに進みやすくなります。

申立書の提出

　申立書は労働審判委員会の人達が読むだけではなく、相手方にも送付されるものですから、申立て時には複数の申立書（正本以外は写しを提出することになります）を提出することになります。

　具体的には正本＋相手方の数に3を足した写しを提出することになります。

　その際に審判のための費用や切手代も支払うことになりますが、必要になる費用の具体的な金額、支払方法については、あらかじめ申立てを行う地方裁判所に問い合わせておくのがよいでしょう。

■ 労働審判申立書の書き方 ‥‥‥‥‥‥‥‥‥‥‥‥‥‥

請求内容に応じて
「損害賠償請求労働
審判事件」
「地位確認請求労働
審判事件」
と書く

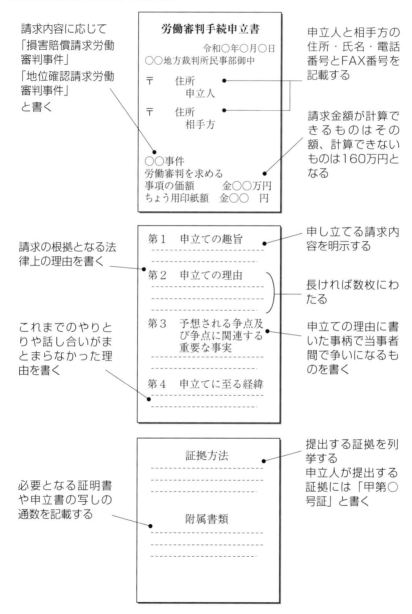

労働審判手続申立書

令和○年○月○日
○○地方裁判所民事部御中

〒　　住所
　　　申立人

〒　　住所
　　　相手方

○○事件
労働審判を求める
事項の価額　　金○○万円
ちょう用印紙額　金○○　円

申立人と相手方の
住所・氏名・電話
番号とFAX番号を
記載する

請求金額が計算で
きるものはその
額、計算できない
ものは160万円と
なる

請求の根拠となる法
律上の理由を書く

第1　申立ての趣旨

第2　申立ての理由

申し立てる請求内
容を明示する

長ければ数枚にわ
たる

これまでのやりと
りや話し合いがま
とまらなかった理
由を書く

第3　予想される争点及
　　　び争点に関連する
　　　重要な事実

第4　申立てに至る経緯

申立ての理由に書
いた事柄で当事者
間で争いになるも
のを書く

証拠方法

附属書類

提出する証拠を列
挙する
申立人が提出する
証拠には「甲第○
号証」と書く

必要となる証明書
や申立書の写しの
通数を記載する

証拠の提出と証人の申請はどうするのか

証拠の取捨選択を検討する

証拠の提出

労働審判は、労働者と使用者との間の紛争を解決するための手続きですから、解決案は当事者の意向を受けたものでよいにしても、事実の判断は客観的かつ公平になされなければなりません。そのような判断をするために必要なのが**証拠**です。労働審判手続きでは申立書を提出する際に、証拠となるものも一緒に提出することになります。

たとえば、解雇された場合には解雇通知、あるいは給与明細書などがそうした証拠になります。会社とのやりとりを録音したデータがあれば、それも証拠になります（データだけでなく文字として起こしたものも添付しておきましょう）。その他には、嫌がらせやいじめなどを受けた場面を撮影したデータも証拠になります。

一見すると必要であるとは思えない証拠であっても、申立ての理由に関するものであれば審理が円滑に進行するので、申立ての段階で出しておくべきですが、不必要なものまで出しすぎると、かえって混乱を招くことにもなりかねません。

したがって、証拠が多すぎる場合には、重要な証拠に絞って提出するか、あるいは証拠を整理するような書面を一緒に提出しておいた方がよいでしょう。弁護士に依頼している場合には、どの証拠を出し、どの証拠を出さないかを弁護士と相談するのがもっとも確実です。

証拠説明書を記載する上での注意点

証拠説明書とは、証拠書類を一覧にしてまとめたものです。申立書と一緒に提出します。申立書の甲号証とは、証拠の種類のことです。

証拠のうち、申立人が提出する証拠を甲号証、相手方が提出する証拠を乙号証といいます。そのため、労働者が申立人となる場合には甲号証を提出することになります。

　証拠説明書には、証拠の表題、作成年月日、作成者、立証趣旨を記載します。立証趣旨とは、申立て事項のうち、「どのような事実を証明するためにこの証拠を提出するのか」ということを記載する部分ですので、端的にわかりやすく記載することが必要です。

■ 証拠説明書の書き方 ………………………………………………

申立人　杉本　一郎
相手方　株式会社ワイエムコーポレーション

令和3年10月1日

証拠説明書

東京地方裁判所
労働審判委員会　御中

申立人　杉本　一郎　㊞

号証	標目 （原本・写しの別）		作成 年月日	作成者	立　証　趣　旨
甲1	雇用契約書	原本	H12・4・5	相手方 及び 申立人	申立人と相手方との間に平成12年4月5日に雇用契約が交わされたこと
甲2	就業規則	写し		相手方	懲戒解雇の規定と事由について
甲3	解雇通知書	原本	R3.8.1	相手方	申立人が懲戒解雇されたこと及びその理由が「規律違反」と明確ではないこと
甲4	陳述書	原本	R3・9・30	申立人	本件申立ての経緯など

申立人が提出する証拠には「甲」とつける

何を証明するための証拠なのかを明記する

審判手続きの流れを知っておこう

期日は最大3回ある

労働審判はどのように進行するのか

労働審判は、①申立て、②第1回期日（申立てから原則40日以内に行われます）、③第2回期日（第1回期日で双方の主張を聞いて決定）、④第3回期日の順で進みます。

申立てが行われた場合、労働審判の結果によって影響を受ける人は、労働審判委員会の許可を受けて手続きに参加することができます。その後、裁判所は期日を定めて事件の当事者を呼び出します。また、労働審判は、必ず第3回期日まで開催しなければならないというわけではなく、話がまとまれば第1回、第2回の期日で終了することになります。通常の訴訟に比べ、かなりの短時間で終結を迎えることが定められた制度であるからこそ、事前にどれだけ効果の高い証拠や証言を集めることができるかが重要なポイントとなります。

期日で行われること

第1回期日では、争点整理を行った後、証拠調べをします。第1回期日で話し合いがまとまりそうな場合には、調停によって第1回期日でトラブルが解決します。

第2回期日では、第1回期日の結果をふまえて、人証調べなどの証拠調べを行い、調停をめざします。

第3回期日では、おもに調停をめざすことになりますが、当事者の一方または双方が調停を拒否した場合には、労働審判委員会の判断である審判が出されることになります。審理の経過によっては、第1回期日または第2回期日で審判が言い渡される場合もあります。

審判が言い渡された後、2週間以内に申立人または相手方が審判に対する異議申立てをしなければ審判が確定します。調停がなされた場合には**調停調書**が作成されます。調停調書が作成されると、裁判上の和解（当事者が裁判所の仲介で互いに譲歩して争いをやめること）が成立したものと同様に扱われるため、相手が審判で定められた内容を守らない場合には、裁判所に強制執行（権利を強制的に実現させる手続きのこと）を申し立てることができます。

第1回期日は40日以内に開かれるのが原則

　労働審判手続きは、一方当事者の申立てによって始まります。つまり、被害を受けた労働者は待っていればよいのではなく、自分で（もしくは代理人により）申し立てなければなりません。

　そして裁判所は申立てを受け取ると、審判手続きの期日を定めて、両当事者を呼び出すことになります。

　申立ての相手方（たとえば労働者が未払い賃金請求の労働審判を求めた場合にはその相手となる会社）に対しては、第1回期日の日時の他、証拠書類の提出や答弁書などの提出期限が定められています。同時に申立書と証拠書類なども送付されてきます。

　第1回期日は申立てのあった日から原則40日以内と、やや長めの準備期間が用意されています（通常裁判では申立てから第1回期日までは30日程度です）。準備期間が長いのは第1回期日を充実したものにしたいからという意図があるためです。

　この間、相手方は第1回期日の1週間前までには答弁書を用意し、第1回期日に出頭することになります。正当な理由もなく出頭しなかった場合には5万円以下の過料（比較的軽い法令違反を犯した者に課される罰のこと）の対象にもなります。

　当事者が出頭しなかった場合に労働審判手続きをどうするかについては法律には特別な決まりはなく、労働審判委員会が決めることにな

ります。申立人の主張・証拠だけで審判を下せる場合には、そのまま審判を下す場合もあります。また、第1回期日を決めるにあたっての取扱いはそれぞれの裁判所によって異なることになります。

■ 労働審判の手続きの流れ ……………………………………

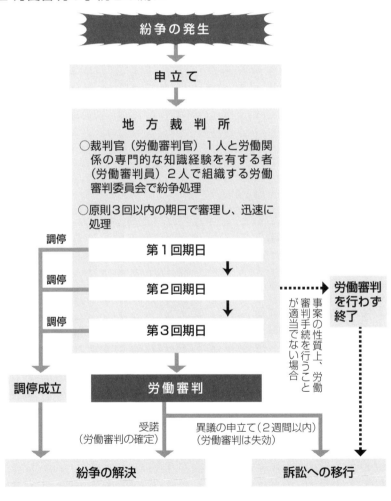

10 第1回期日に向けての準備をする

主張、証拠、理由を整理し、反論に答えられるようにする

期日に向けての準備

　両当事者は第1回期日までには争点の整理や主張反論などを考えておかなければなりません。第1回期日は基本的には争点整理から始まりますが、それが終わればすぐに本格的な証拠調べなどに入る場合もありますし、双方の態度によっては第1回の期日で話し合いがまとまることもあり得ます。

　ですので、重要な事実については主張を整理し、証拠と理由を考え、相手の予想される反論に対する再反論などを考える必要があります。また、相手から提出されている答弁書（または申立書）や証拠を見て、不備があったりする部分については追及したり、不明瞭な部分については相手の釈明を求めるなど、対応の準備もしておいた方がよいでしょう。もちろん、こちら側の主張不備を相手方に指摘されないようにしておくことも大切です。

　主張・反論だけでなく、こちら側が最終的にどうしたいのかという解決策についての準備をしておくことも望まれます。たとえば解雇に対する労働審判などの場合に、あくまで職場復帰を求めるのか、それとも場合によっては金銭によって退職そのものを受け入れるのか、などです。第1回期日で調停案が出される可能性もありますが、それが受け入れられるものなのかどうかを判断するために、こうした準備は必要になります。

　準備をきちんとしておかないと雰囲気や流れにのまれて相手のペースになってしまったり、考えがまとまらないまま進む可能性もありますので、きちんと準備しておきましょう。

▌審判内容は記録されないので自分でメモをとる

　準備を調え、期日が来るといざ労働審判に臨むことになります。

　裁判所の光景というと昨今の裁判員制度や刑事事件でおなじみのものものしい雰囲気の法廷を想像しがちですが、労働審判の舞台はそうした法廷ではなく、会議室のような部屋です。両当事者と労働審判委員会、書記官の参加の下で行われます。手続きを弁護士に依頼した場合には弁護士も加わります。場合によっては、証人など労働審判委員会が参加を許可した第三者が加わることもあります。

　労働審判手続きの進行については特別な決まりはありませんが、通常は提出された証拠などをもとに労働審判委員会から当事者に質問が出され、それに対して両方の当事者が答えていくという形で進みます。ここで混乱したり緊張したりすることのないように、あらかじめ主張や反論などを整理・準備しておくとともに、労働審判委員会や相手方の発言にしっかりと耳を傾けておきましょう。

　また、裁判所は労働審判手続きの審理内容を記録として残しておいてはくれません。ですので、第2回以降期日のため、あるいは訴訟になってしまった場合でも対応できるように、審判手続きの中で出た要点や重要事項についてはメモをしておいた方がよいでしょう。

■ 第1回期日に向けての準備 ……………………………………

労働審判の申立て

⬇

期日に向けての準備
・主張内容の整理　　・証拠の把握
・相手の主張・反論に対する対応の徹底
・弁護士との打合せ

⬇

第1回期日

Q 証人はどのような場合に採用されるのでしょうか。注意点などがあれば教えてください。

A 事件について熟知しており、依頼者側に有利な証言をしてくれる可能性があり、なおかつ証人としてのリスクも理解した上で協力をしてくれるという人には、労働審判を有利に進めるために、できる限り証人として参加してもらいたいというのが本音でしょう。このような人に証人として参加してもらうためには、口頭もしくは申請書を提出する必要があります。申立ての段階で証人として立ち会ってくれることが決まっている場合には、申立書にあわせて「証拠申出書」をつけて提出する方法が望ましいでしょう。

あるいは、第1回期日に同行してもらった上で、証人としたい旨を述べることでその人が証人として採用されるという手段もあります。この場合、争点との関係によっては、労働審判委員会がすぐに証言を求める場合も少なくありません。ただし、逆に争点との関係が薄い証人についてはすぐに証言を求めてもらえない可能性があるため、第1回期日の時に証人を採用する必要性を訴える方がよいでしょう。

ただし、証人は有利な証言だけをして終わりというわけではありません。相手方が証人の発言に対して疑問や異論を持ち、質問や反論をする可能性も充分想定できます。この段階で申立人に不利になるような話をされた場合、申立人にとってはかえって証人の証言が逆効果になる場合があります。

そのため、あらかじめ証人との間で予想される質問の対策を練っておく方がよいでしょう。申立人にとっては非常に心強い味方ですが、労働審判上においてはあくまでも「証人」という立場を忘れてはいけません。反論されたからといって感情的になることなく、冷静に客観的な判断を行いながら話を進めて行く必要があります。

11

第2回以降の期日では何が行われるのか

証拠調べや解決に向けた話し合いが行われる

第2回期日について

　第1回期日で解決に至らない場合には第2回期日が開かれることになります。第2回期日では、すでに第1回期日で争点整理が行われていますので、改めて事案の整理や争点整理をすることはほとんどありません（追加で書面や証拠が提出された場合にその確認をすることはあります）。手続きはより具体的になり、第1回期日で整理された**証拠調べ**に入っていくことになります。

　証拠調べについては訴訟のように必ずこのやり方で進めなければならないというルールはありませんが、通常、当事者、労働審判委員会がそれぞれ順番に質問や回答をして進めていくことになります。

　証拠調べが終わった後、必要があれば当事者が口頭で意見を述べ、その後は調停に入っていくことになります。合意が成り立ちそうにない場合には労働審判委員会が調停案を出し、それでも合意しそうにない場合には労働審判委員会の判断である審判が下されることになります。なお、調停案についてはすぐにその内容に合意することも、持ち帰って第3回期日まで考えることもできます。

第3回期日について

　第3回期日ではおもにトラブルの解決に向けた話し合いが行われます。すでに第2回期日で調停案などが出されている場合には当事者が合意できるかどうかを検討し、調停案について合意に達した場合には調停調書を作成します。

　調停案が合意にいたらない場合、つまり当事者の一方または双方が

「合意できない」と答えた場合には審理の終結が宣言され、審判が出されることになります。審判はその場で口頭で伝えられることも、あるいは後日審判書という形で送られてくることもありますが、この審判が労働審判における最終決定ということになります。

　なお、残業代不払いと不当解雇に対する労働審判手続きを申し立てる場合のように、複数の申立てを行うときにはそれぞれの申立てについて別々の判断がなされることもあります。たとえば、不当解雇については合意にいたったものの、残業代についてはそもそも残業したことを会社側が認めていない、などという場合に不当解雇については合意案に基づいた調停あるいは審判をしてもらい、残業代については審判で決してもらうということも考えられるわけです。

■ 調停案が出されたらどうすべきか

　労働審判委員会は、審理の終結に至るまで、労働審判手続きの期日において調停を行うことができます。

　審判については労働審判委員会が出した最終決定ですので、納得できるかできないかは別として当事者は異議申立てをする以外のことはできません。つまり、修正や意見を求めることはできません。

　一方、調停案についてはこれを受け入れるのも自由、反対するのも自由ということで、柔軟な反面、当事者にとっては判断が難しい場合などもあります。特に「初めて裁判所に行く」と緊張しながら臨んだ第1回期日で調停案が示された場合には一瞬、どうしたらよいのかわからなくなる場合もあるでしょう。当事者間で調停案について合意が成立した場合には、裁判所書記官により、調停調書に当該合意の内容と当事者の氏名、名称、住所、代理人の氏名が記載されます。

　できれば、あらかじめ自分の解決策として、どうしたいのかということを決めておき、それに従った内容であるかを確認すべきでしょう。その上で、納得できない内容であれば自分の要望を伝えます。労働審

判手続きにおいて調停が成立せず、かつ、審判の判断にも納得できない場合には訴訟に移行することになります。そのため、調停案が出された場合には今後の展開も考慮して調停案を受け入れるかどうかを判断しなければなりません。

　なお、調停では金銭の支払いや職場の地位など、当事者が解決を求めたこと以外のより具体的な条項を盛り込むこともできます。たとえば、再就職先への推薦状を書いてもらう、離職票に「自己都合」ではなく「会社都合」で離職した旨を記載してもらうといったことです。こうした細かい要望についても考えておきましょう。

▌労働審判の申立てと訴訟手続きの関係

　このように、労働審判は3回以内の審理で一応の結論を出すことになりますが、労働審判と通常の訴訟が同時に並行して行われることもあります。たとえば、会社側が「雇用契約はそもそも存在していない」という主張を労働審判で起こし、労働者の側が訴訟で解雇の無効を訴える、という場合です。

　この場合、同じ審理を別の手続きで同時に進めるのは二度手間ですし、労働審判と訴訟の判断に食い違いが出ると混乱を招くため、労働

■ 労働審判の様子

相手方
（会社の代表）

申立人
（労働者）

相手方の
弁護士

申立人の
代理人

書記官

使用者側の審判員　　審判官　　労働者側の審判員

審判手続きが終了するまで、裁判所は訴訟手続きを中止することができます。もっとも、裁判所の判断で中止しないという選択をとることも可能です。

▌調停が成立しない場合には審判が下される

3回の期日で合意に達しなかった場合には**審判**が下されます。この審判も訴訟の判決に比べるとより柔軟なものになっています。つまり、裁判の場合の判決は時としてトラブルの解決につながらないこともありますが、審判では、当事者間の権利関係をふまえることを前提として、事案の実情に即した形で示されることがあります。そして、その審判の結論が主文となり、これには理由もつけられますが、理由は調停案にいたる中で出されることがあります。今後訴訟に至る可能性があることも考えますと、労働審判委員会が理由を説明している際にはメモしておくと、訴訟になった場合に役立つ可能性もあります。

労働審判は2週間以内に異議が出されないと確定します。確定した審判は通常の訴訟の判決と同様の効力をもちます。つまり、その審判書を根拠として強制的に審判の内容を実現させることもできるようになります。

■ 第1回期日〜第3回期日における調停の成立 …………………

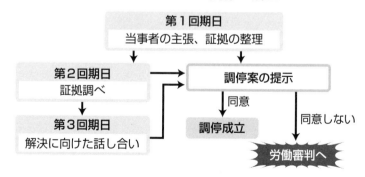

Q 労働審判で出された判断に不服がある場合、どうすれば
よいのでしょうか。

A 通常の訴訟であれば、判決に不服がある場合には控訴という
上級の裁判所に再度の審理を求める手続きをとることになり
ます。しかし、労働審判では控訴という手続きはありません。今度は
高等裁判所で労働審判をするというわけにはいかないのです。

　当事者が審判に不服がある場合は、２週間以内に**異議**を申し立てる
ことが必要です。異議を申し立てると訴訟へと移行します。自らが異
議を申し立てた場合に、その撤回はできませんし、相手方が異議を申
し立てた場合に、「訴訟は面倒だ」という理由で拒否することもでき
ません。そこで、審判に不服がある場合には訴訟に移行してもよいか
どうか、という点についても考慮して考えなければなりません。特に
金銭の支払いなどで一部が認められた場合には、その額で妥協すべき
かどうかを検討すべきことになります。ただし、訴訟に移行したとし
ても、そこで徹底的に争わなければならないわけではなく、裁判上ま
たは裁判外で和解をすることはできますので、そうした点もふまえて
結論を出すのがよいでしょう。

■ 労働審判に対する異議申立てと訴訟への移行 ┈┈┈┈┈┈

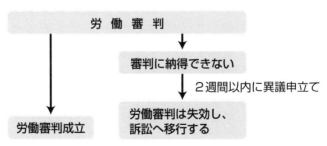

労　働　審　判

審判に納得できない

２週間以内に異議申立て

労働審判は失効し、
訴訟へ移行する

労働審判成立

12

訴訟に移行した後の手続きの流れを知っておこう

審判で触れていない内容を訴訟で争うこともできる

訴訟への移行手続き

　労働審判と訴訟を同時に進めようとする人もいます。ただ、労働審判と訴訟で別々の判断が出ては混乱が生じるため、労働審判手続きの申立てがあった事件について、訴訟も申し立てられていた場合には、訴訟の申立てを受けていた裁判所は、労働審判事件が終了するまで訴訟手続きを中止することができます。

　また、労働審判に対して不服（異議）を申し立てると、労働審判の申立てを行った時点でその地方裁判所に訴えの提起があったものとみなされます。訴訟には訴状などの提出が必要になりますが、この場合は異議申立てが訴えの提起とみなされるので、原則として訴状（裁判をする際に提出する書面）などを提出する必要はありません（準備書面などの提出を求められることはあります）。また、訴えの対象が140万円以内のものであったとしても、簡易裁判所ではなく地方裁判所が扱うことになります。

　ただし、たとえば労働審判では触れていなかった内容を訴訟の中に盛り込むことはできます。この場合は「訴えの変更申立書」を提出することになります。たとえば、労働審判では全体として嫌がらせを受けていたことに対する解決金の支払いを求めていたが、訴訟ではより具体的にセクハラやパワハラなどの事案として主張する、などの場合には請求の趣旨を変更することになります。

　費用については訴訟の手数料からすでに労働審判時に支払った手数料を差し引いた残りを支払うことになります。ただし、これは裁判所に対する費用であり、弁護士費用などは別にかかることになります。

訴訟手続きに移行した場合、当事者は、労働審判事件の記録の閲覧や、記録のコピー、その正本やコピーの交付、労働審判事件に関する事項の証明書の交付を請求することができます。

　訴訟と労働審判の手続きが異なるからといって資料がまったく使えないと、二重に審理する不都合が生じるため、このような手続きが用意されています。なお、訴訟の手続きに移行すると、3回期日で終了することが定められている労働審判と比べ、解決までにはある程度の時間がかかることが予想されます。さらに、訴訟に移行した理由が労働審判で解決できない性質の案件であるため、双方が和解するまでにはかなりの労力を要する可能性もあります。

　ただし、労働審判での手続きを経ている以上、一から同じ案件で訴訟の手続きを行った場合に比べると短縮されるケースが多くあります。

■ 民事訴訟の手続きの流れ ⋯⋯⋯⋯⋯⋯⋯⋯⋯⋯⋯⋯⋯⋯⋯⋯⋯⋯

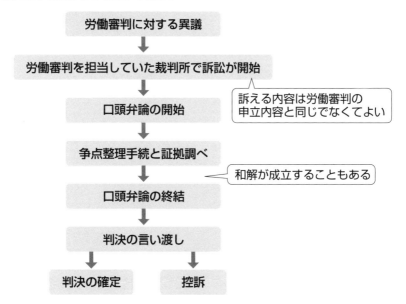

訴訟はどのような流れで行われるのか

　訴訟では、訴えを起こした方を**原告**、訴えを起こされた方を**被告**といいます。多くの場合、原告・被告ともに弁護士がつきます。

　当事者が法廷に出頭する日のことを口頭弁論期日といいますが、口頭弁論期日では、まず、原告が訴状を口頭で陳述します。次に、被告がすでに提出してある答弁書に基づいて、原告の陳述内容を認めるのか、それとも反論するのかを口頭で答えます。

　労働審判から訴訟へ移行した場合、すでに当事者で争いになっている問題点が明らかになっているケースが多いと思いますが、訴訟でも原告の請求のうち、被告がどのような点を争い、どのような点は争っていないのかを整理します。その上で、どちらの主張が正しいのかを判断するために証拠調べが行われます。労働審判で一通り証拠調べを行っていたとしても、労働審判で行われた証拠調べの結果は訴訟に引き継がれないので、改めて訴訟で証拠調べを行います。

　3回以内で終了することが予定されていた労働審判と異なり、訴訟では期限の制約はないため、証拠調べもより充実したものになるでしょう。どのような証拠を提出するかは当事者の自由です。

　証拠調べを経て、原告・被告のいずれの主張が正しいのかを裁判官が認定し、訴状の内容について裁判所が判断できるようになると、口頭弁論は終結します。その後、裁判所はあらかじめ指定しておいた期日に判決を言い渡します。判決は、原告の請求に対する裁判所の判断です。判決の内容に納得できない場合には高等裁判所に控訴してもう一度判断してもらうことになります。

　なお、勝ち負けという形で決着をつけるのではなく、お互いに譲歩する和解という手続きで裁判を終了させることもできます。労働審判で決着がつかず訴訟に移行した場合でも、訴訟の過程で歩み寄りの余地が生じた場合には和解によって手続きが終了することになります。

13

会社が審判を守らなかった場合にはどうなるのか

強制執行によって相手の財産を差し押さえることができる

会社が審判内容を守らないこともある

　未払い賃金や残業代、退職金などについてトラブルが発生し、調停や審判によって会社側に支払義務があるとされたからといって安心はできません。中には、調停や審判で支払義務が認められたにもかかわらず、支払わない会社があるからです。

　労働審判に限らず、相手方が判決などで命じられた債務に対する責任を果たそうとしない場合には**強制執行**という手段で債務の履行を果たすことになります。強制執行とは、**債務名義**（強制執行をすることができる文書）を持つ債権者（この場合は労働者）が債務者（会社）の不動産や預金、有価証券などの財産を差し押さえて強制的に債権回収を図る手続きです。相手方がどのような財産を持っているのかがわからない場合、財産開示手続きを利用します（財産開示手続きの申立先は、原則として債務者の住所地を管轄する地方裁判所です）。

　なお、審判や調停は裁判所による判決とは異なりますが、債務名義としての効力をもっていますので、審判が守られなかった場合に改めて訴訟を起こさなければならないということはありません。

会社が労働環境を改善しないとき

　金銭支払いであれば強制執行で財産を差し押さえて債権回収を図ることができますが、たとえば労働環境の改善を求めたにもかかわらず審判に従わない場合はどうでしょうか。この場合はたとえば配転（別の部署に移ること）などの行為を強制執行することはできないため、労働環境が改善できないことに対する損害賠償を別途請求するといっ

た手段をとります。このように、労働環境の改善のみを求めると後に強制執行しにくくなるという問題が生じますから、当初の申立ての時点で労働環境の改善とともに、慰謝料などを賠償請求するのがよいでしょう。

どんな場合に強制執行できるのか

たとえば、残業代を支払わないので審判を起こして50万円の支払いが会社に命じられたものの、会社側は、「支払う資金がない」と主張するのみで支払おうとしない、といったケースや、セクハラをする上司がいるので、改善を求めて労働審判を起こした結果、その上司とは違う部署に配属させる旨で合意がなされたが、審判が終わっても部署は変わらず、上司のセクハラ行為も相変わらずである、といったケースがあります。

金銭の支払いをしないケースについては、強制執行を行うことになるでしょう。強制執行をする際には、会社側がどのような資産をもっているかを把握することが大切です。通常、強制執行された側が資産を素直に差し出すことはなく、執行手続きに入ると資産を隠すおそれすらあります。したがって、事前に資産を把握しておき、相手に資産隠しの準備を与えないようにすることが重要です。

一方、セクハラが行われている職場環境の改善を求め、それを認める労働審判が下されたにもかかわらず、使用者が職場環境を改善しない場合、職場環境の改善自体は強制執行することが困難です。そのため、会社が約束を守らない場合の強制執行を考えて、申立ての際には職場環境の改善に加えて金銭の支払いもあわせて求めるのがよいでしょう。具体的には、職場環境の改善とともに、セクハラ被害による損害賠償請求を求めていくことになります。

14 会社財産の不当な処分から権利を守る手段を知っておこう

仮差押や仮処分という手段がある

民事保全を利用する場合

たとえば、会社を不当に解雇された労働者が会社を相手に訴訟を起こしたとします。訴えの内容は解雇の無効です。訴訟で勝訴すれば解雇は無効になります。ただ、訴訟は時間がかかります。その間、労働者は解雇されているわけですから、収入のあてはありません。また、賃金の支払いがなされない場合はどうでしょう。この場合も会社を相手に給料の支払いを求めて訴訟を起こします。ただ、一般に会社が給料を支払わないのは、会社の経営状態が危ない場合です。このような場合、会社は給料を支払いたくないので、会社の資産を売却したり、隠すことがあります。会社の財産がなければ、たとえ勝訴したとしても、強制執行ができません。

このような場合に備えて行われるのが**民事保全**です。民事保全制度とは、訴訟などで権利が確定するまでの間、債務者が財産を処分できないようにしたり、従来の地位を維持すること（解雇の場合であれば従業員のままでいること）です。

仮処分と仮差押がある

民事保全には仮処分と仮差押があります。

前述した例で考えてみましょう。労働者は解雇された場合には、「判決が出るまでは自分は社員という地位にある」という仮処分を求めることができます。このように、**仮処分**とは、現在の地位を維持するためなどに利用できるものです。

仮処分を求める裁判所は、訴えを起こす裁判所などがある所在地の

地方裁判所です。そして、「解雇は無効であるから自分は現在も社員であり、賃金債権を有する」という主張（被保全権利）と、「解雇されたので給料が支払われないために生活ができない」こと（保全の必要性）という仮処分の要件が満たされると、裁判所は会社に給料の仮払いを命じる仮処分命令を下します。仮処分命令が下されるまでに要する期間は1か月〜半年程度です。いきなり解雇されて生活できなくなった、といった場合に利用するとよいでしょう。

仮差押とは、賃金などの金銭の債権をもっている者（労働者）が、強制執行をするために、債務者（会社）の資産を処分できないようにすることをいいます。仮差押を求める裁判所は、訴えを起こす裁判所などがある所在地を管轄する地方裁判所です。前述した例では、会社が資産を処分することを禁じる命令を裁判所が出すことが仮差押にあたります。「働いた分の賃金を支払え」という主張と、「経営状態が悪化している会社が財産を処分する危険がある」という仮差押の要件が満たされると裁判所は仮差押命令を下します。

仮差押は、仮差押の申立てから仮差押命令が出されるまでの日数が短いのが特徴で、申立日当日に裁判所から債務者（会社）に仮差押命令が出される場合もあります。したがって、会社の経営が悪化し、給料の未払いが生じている状況で利用されることがあります。

▌申立書の提出

仮差押・仮処分手続きを利用する場合、申し立てる側が、申立人の言い分が一応確からしいと判断できる書類（疎明書類）とともに、申立書を管轄の地方裁判所に提出します。手数料として1個の申立てにつき貼用印紙2,000円を納めます。担保が必要な場合もあるため事前に確認します。申立人が会社などの場合は資格証明書、弁護士に依頼する場合は訴訟委任状もあわせて添付します。

少額訴訟のしくみ

少額訴訟の審理はどうなっている

口頭弁論は原則として1回で終わる

訴状が受理された後は口頭弁論

　少額訴訟では、訴状が受理されると、その場で第1回口頭弁論期日が指定され、呼出状が交付されます。

　少額訴訟の審理は原則1回なので、当事者は、第1回の口頭弁論期日までに、すべての攻撃防御方法（原告の主張と被告の反論のこと）を提出しなければなりません。ですから、迅速に事実を整理し、証拠を収集する必要があります。この準備段階で、個々の事実について、裁判所書記官から説明を求められたり、立証が促されることもあります。期日直前には、裁判所書記官が当事者に面会して、書証などの確認が行われることもあります。

　こうして準備が整えられ、第1回の口頭弁論期日が開かれると、裁判官は、次のような事項を当事者に対して説明します。

① 証拠調べは、すぐに取り調べることができる証拠に限り可能であること

② 被告は、訴訟を通常の手続に移行させることができるが、被告が最初にすべき口頭弁論期日において弁論をし、またその期日が終了した後は、この限りではないこと

③ 少額訴訟の終局判決に対しては、判決書または判決書に代わる調書の送達を受けた日から2週間以内に、その判決をした簡易裁判所に異議を申し立てることができること

　少額訴訟手続きは、原告が一方的に選択するものなので、被告の防御の利益が害されるおそれもあります。そこで、民事訴訟法は、被告

の利益を保護するため、被告には最初の（第1回の）口頭弁論期日に通常訴訟の手続きに移行するよう求める権利を与えています。ただし、被告が最初の口頭弁論期日に弁論をするか、しない場合でも、その期日が終了してしまった場合には、通常訴訟の手続きに移行させる旨の申し出はできなくなります。

　これらの説明がなされた後は通常訴訟と同様の手続きがとられ、当事者双方の主張を裁判官が聴き、争いがある事実について、証拠調べが行われることになります。なお、証人あるいは当事者本人の尋問は、裁判官が相当と認める順序で行うことになっています。

　口頭弁論が終わると、原則として直ちに判決が言い渡されます。

　このとき、原告の請求を認める判決がなされた場合は、被告の資力などを考慮して、3年以内の分割払いや訴え提起後の遅延損害金の支払義務を免除する分割払いが命じられることもあります。

　言い渡された判決は、裁判所書記官によって口頭弁論期日調書に記載されます。判決に不服がある場合、当事者は、判決をした簡易裁判所へ異議の申立てができます。異議が認められると、訴訟が口頭弁論終結前の段階に復し、通常の民事訴訟手続きにより審理されます。ただし、異議後に言い渡された判決に対しては控訴ができません。

■ 少額訴訟手続きの流れ

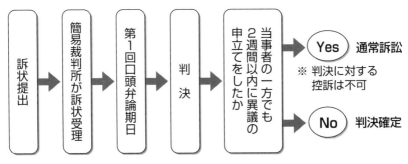

2 一期日審理の原則について知っておこう

少額訴訟は1日で終わるのが原則

1日で審理が終了し判決を下す

　少額訴訟は1日で審理が終わるのが通常ですが、これは**一期日審理の原則**と呼ばれています。

　1日で審理を終わらせるためには、入念な準備を整える必要があります。証言や証拠についても1日ですべて提出しなくてはならないわけですから、大切な証人などもしっかりと確保して、できるだけ審理当日に出廷してもらうような手はずをつけておかなければなりません。

　少額訴訟は煩雑な訴訟手続を簡略化・迅速化させた素人向けの訴訟ということができます。ですから裁判官は審理中に釈明権（事実や法律関係を明らかにするために、原告や被告に対し、質問を求めたり立証を促したりすることができる裁判所の権利のこと）を行使し、当事者に対して質問を行ったり立証を積極的に促すことがあります。これによって、素人である当事者（原告・被告双方）の立証や主張が不十分に終わってしまうことを防ぐことができます。

　話し合いだけでは解決できないトラブルに見舞われた場合には、積極的に少額訴訟を利用することをおすすめします。

証拠書類はいつ提出するのか

　通常訴訟であれば、数回の期日を経ることによって裁判官の心証が少しずつ積み重ねられていきますが、少額訴訟の場合は「一期日審理」が原則ですから、期日当日にいかに証拠書類がそろっているかが判決の重要な決め手となります（少額訴訟の証拠調べは、すぐに取り調べることができる証拠に限られています）。証拠書類の提出は、通

常訴訟と同じで期日当日に行いますが、訴状には証拠書類のコピーを添付することが必要です。

証人尋問の手続

　少額訴訟でも証人尋問を行うことは可能ですが、この場合、裁判所に前もって申し出をしておく必要があります。通常訴訟では、尋問する順番について「交互尋問制」というシステムが取られており、①申請した当事者、②相手方当事者、③裁判官の順で尋問を行うことになっています。しかし、少額訴訟の場合にはこの順序を裁判官の判断で変更することができます。

　他に通常訴訟と少額訴訟で異なる点としては、「尋問事項書」の提出の省略が挙げられます。また、偽証を防止するための「宣誓」も少額訴訟では省かれることが多いようです。これらはすべて審理を迅速に終了させるための配慮です。

　少額訴訟では実際の契約の場に同席した人などの証言が重要な証拠になりますが、期日が１日だけのことが多いので、訴訟に勝つには当日の証人の確保が非常に大事だといえます。証人が仕事や病気、遠隔地に住んでいるなど、やむを得ない事情で期日に出廷できない場合には、電話会議システムやテレビ会議システムを利用します。たとえば、電話会議システムを利用すると、電話を介して裁判官と双方の当事者、証人がそれぞれ音声を同時に送受信して証人の証言を得ることになります。電話さえあればどこでも利用できるのがこのシステムのメリットですが、あらかじめ裁判所に利用を申し出ておく必要があります。

　なお、電話会議システムを利用して証人尋問をする場合、文書の写しを送信して提示したり、その他の尋問の実施に必要な処置を行うために、ファクシミリを利用することもできます。

3 訴状提出から出頭までの行動を把握する

ラウンドテーブルの法廷で行われる

窓口に訴状を出す

　少額訴訟を起こすには、**簡易裁判所**の窓口に訴状を提出しなければなりません。訴状は通常の場合、窓口で説明を受けながら作成するので素人でも間違いなく提出することができます。いったん提出した時点でこれを裁判所側が審査し、問題がなければ訴状が受理されます。

　訴状の審査ポイントとしては、①事件がその簡易裁判所の管轄であるかどうか、②訴状の必要的記載事項がすべて書かれているかどうか、③事件が少額訴訟を提起できる種類のものであるかどうか、④必要額の収入印紙が貼付されているかどうかなどがあります。

　訴状が受理された時点で事件番号を記載した紙を交付されることがありますが、この事件番号は問い合わせや手続の際に必要なものなので、紙を紛失しないように注意しなければなりません。念のため、手元に番号を控えておくようにしましょう。

　訴状が被告に送達されるのは訴状の受理後約2週間で、その際に「口頭弁論期日の呼出状」が同封されます。この呼出状には口頭弁論の日時・場所などが記されています。

通常訴訟とは法廷のしくみが異なる

　少額訴訟は通常訴訟の煩雑な手続きを簡略化し、誰でも簡単に利用できるようにという考慮の元に作られた制度です。このため、審理も心理的圧迫感の少ないラウンドテーブルの法廷で開かれるようになっています。通常の訴訟では裁判官が一段高いところに座り、原告と被告がその左右に向かい合って座る厳粛な法廷で審理が開かれますが、

少額訴訟の場合は裁判官も当事者も高低なく座って審理が進められていきます。少額訴訟を起こす人は一般人が多いため、ラウンドテーブル型の法廷で審理を行うことによって心理的に不必要なプレッシャーを受けずに陳述などを行うことができます。

▌どんな人が審理に立ち会うのか

威圧感のある法廷ではなく、同じ高さの目線でラウンドテーブルに座って行われるのが少額訴訟ですが、審理に立ち会う人は通常訴訟とほぼ同じです。出廷するのは、①当事者双方（訴訟を提起した原告と訴訟を起こされた被告）、②裁判官、③書記官、④司法委員、⑤傍聴人などです。

司法委員とは審理の円滑な進行をサポートするために当事者の和解を調整したり、適切な意見を述べたりする人のことです。

司法委員の任期は1年で、弁護士や学者、教師、元裁判官などの民間の有識者から各地方裁判所が選出することになっています。各訴訟ごとに裁判所が担当司法委員を決定します。

■ 少額訴訟が行われる法廷 ・・・・・・・・・・・・・・・・・・・・・・・

司法委員の制度は簡易裁判所特有のものであり、少額訴訟だけではなく簡易裁判所で行われる通常訴訟にも司法委員が加わります。

出廷当日の対応

　裁判所には、口頭弁論期日の呼出状に記載された日時に出頭することになります。少額訴訟は通常、１日で審理が終わってしまいますので、証人がいる場合には当日の出席をしっかりと確認しておきます。当日は遅刻したりしないように、時間的余裕をもって裁判所に到着したいものです。

　期日当日は書類や録音機など、証拠となるものはすべて忘れずに持参しなければなりません。訴状を提出する際に証拠書類のコピーも一緒に裁判所に提出しているはずですが、必ずオリジナルのものを持参するようにします。

　指定された部屋番号の法廷に出廷し、裁判所書記官に呼出状を提示するなどして、原告本人であることの確認を受けます。

口頭弁論が開かれるまでの手続き

　大まかな流れは通常訴訟と同じですが、いくつかの点が簡略化されているのが少額訴訟の特徴です。審理はまず、当事者の確認を行うことからはじまります。開廷時間に遅刻してしまうと無断欠席とみなされ、敗訴してしまう可能性があるので裁判所には必ず早めに到着することをおすすめします。裁判所には部屋がいくつもあり、迷ってしまうことも考えられるので、事件番号の書いてある紙と呼出状を忘れずに持参します。呼出状に記載されている法廷を確認した後、出頭カードに自分の氏名を記入し（出頭カードがない場合もあります）、開廷を待つことになります。当事者が間違いなく本人であるかどうかの確認は書記官が行います。この際に証拠となる物品や書類などを持ってきているかどうかの確認も行われます。

確認が無事に終わると、法廷で裁判官の入廷を待つことになります。いよいよ裁判官が入廷したところで起立・お辞儀をしてこれを迎え、続いて裁判官による手続の説明、つまり手続教示が行われます。ここでは通常訴訟においては認められていない少額訴訟特有の手続きなどについてのわかりやすい説明が行われます。さらに、通常訴訟への移行を希望するか否かの確認が被告に対して行われます。これは簡略化されていない通常訴訟によって紛争を解決する意思が被告にある場合に、被告の権利を守るための手続きです。

　少額訴訟はあくまでも迅速・簡潔に紛争を解決するためのシステムであり、複雑な取調べや本格的な証拠や証人が多数存在するような事件を裁くには不向きであることを忘れてはいけません。被告側に通常訴訟への移行の希望がないことが確認されれば、その時点でようやく審理が開始されます。

▌法廷でのやりとりはどうなっている

　最初に原告の提出した訴状の陳述、そして被告の答弁書の陳述が行われます。原告と被告が、それぞれの言い分は訴状あるいは答弁書の通りであることを陳述することにより、訴状・答弁書の読み上げが行われたものとみなされます。

　当事者双方の陳述が終わると、次は証拠調べが行われます。証人がいる場合にはその証言を得るなど、さらにさまざまな証拠を調べて被告と原告の争点を明確にし、事実を認定することになります。さまざまな証拠調べの後、裁判官が判決を言い渡すことによって審理は終了します。場合によっては判決ではなく、当事者双方の和解によって審理が終了することもあります。

4 和解勧告をされることもある

納得できる形の解決法

どのような場合に和解勧告されるのか

訴訟において裁判官は、当事者双方の口頭弁論や提出された証拠物、証人の証言などを元に、主張を事実とするか、提出された証拠を本物として採用するかといった心証を形成し、判決を言い渡すわけですが、判決はあくまで裁判官の考えであり、必ずしも当事者双方が納得できる内容となるわけではありません。このため、通常訴訟の判決であれば控訴や上告、少額訴訟の判決であれば異議申立てといった制度が用意されています。判決が出ても、このような状態になれば解決までにかなりの時間がかかってしまうわけです。

一方、早期の解決をめざすときによく行われるのが**和解**です。和解は、当事者双方がお互いに譲歩し、納得できる形の解決策をとるという方法によって、訴訟外で行われる場合と、訴訟中に行われる場合があります。少額訴訟の場合、次のような理由から、訴訟中に裁判官が和解するよう勧告することも多いようです。

① **扱われる金額が比較的少ない**

少額訴訟で取り扱われるのは、60万円以下の金銭支払いです。裁判に時間がかかると、損害以上の訴訟費用がかかります。

② **被告に資力がない**

裁判で被告に対し「金銭を支払え」という判決を言い渡しても、払うお金も財産もなければどうすることもできません。当事者双方が納得できるのであれば、分割払いにしたり、支払期日の延長をするなどの条件で和解をした方が、より早い解決を図ることができます。

5 口頭弁論について知っておこう

口頭弁論にはできる限り出席する

口頭弁論に出席できないことが判明したときは

口頭弁論に無断で欠席すると、相手側の言い分が裁判官に認められて敗訴してしまう可能性があります。当日、裁判所に出頭できないほどの重病であるとか、予想できない災害、避けられない交通機関のストライキにあった場合などは、口頭弁論の期日を延長することも可能です。ただし、仕事などの個人的な理由での期日の延長はできませんから注意が必要です。具体的には、あらかじめやむを得ない事情で期日に出延できないことがわかっている場合には、「期日変更の申立書」を提出して手続を行い、期日を変更しなければなりません。

また、事故や天災などで公共交通機関が大幅に遅延してしまって、裁判所に時間どおり到着できない場合には、その指定された時間になる前に裁判所へ電話をしましょう。駅の窓口で「遅延証明書」を交付してもらうことによって遅延の理由を正当付けることができますから、覚えておくとよいでしょう。このようにして期日の延期が認められるようであれば、期日変更の申立てを行います。

当事者が口頭弁論を欠席するとどうなる

一口に当事者の欠席といっても、誰が欠席するかによってかなり状況は異なってきます。欠席のパターンとして考えられるのは、①原告が欠席した場合、②被告が欠席した場合、③原告と被告の双方が欠席した場合、の3種類です。

① 原告が欠席した場合

まず、原告が欠席した場合にはどのようなことが起こり得るかを見

ていきましょう。原告Aが被告Bに借用書を取って50万円を貸し、3年間に渡って再三返却を要求したがBは一向にこれに応じようとしないという事件を例にとって考えてみます。Aが期日に欠席することによって、借用書を当日提出できないことになります。せっかく借用書という明白な証拠があるのに、これを法廷で活用することができないわけです。証拠がなく、しかも被告Bが50万円を借りた事実を頑として認めないような場合には、裁判官は「請求棄却判決」、つまり原告の主張する請求を認めないという旨の判決を下さなければならなくなります。裁判官はあくまで提出された証拠や証人を元にして判決を下すのであって、裁判官の方から積極的に証拠を請求したりすることは通常ありません。あくまでも原告や被告が自ら証拠を提示しなければならないわけです。

　また、BがAと法廷で争うか、または直接話し合うことを望んでいるのにもかかわらずAが欠席した場合、Bは弁論を一切行わずに退廷することもできます。この場合は訴訟手続が休止したものとみなされ、期日指定の申立てを改めて行い、審理が行われることになります。この申立てが1か月以内に行われない場合は訴え取下げの擬制と呼ばれ、原告に再度訴えを起こす気がないものとみなされます。

　もう一つ、原告Aは欠席しても被告Bが50万円を借りたという事実を認め、「1か月後に返済する」と弁論するケースも考えられます。この場合には裁判官が原告勝訴の判決を下すことがあります。

② 被告が欠席した場合

　原告ではなく被告が欠席した場合は、答弁書を提出しているかいないかで状況がかなり変わってきます。訴訟を迅速に解決するために陳述擬制という制度が定められており、この制度の適用によってたとえBが欠席しても、答弁書を提出していれば出席して答弁書の内容を法廷で弁論したのと同じ扱いになります。ですから答弁書でBが「50万円を借りていない」と主張しているのであれば、Aは確かに貸した事

実を証明しなければなりません。

　逆に答弁書を提出していない場合には、擬制自白といってBはAの請求をまったく争う気がないわけですから、「請求認容判決」と呼ばれる原告の請求をそのまま認める判決が下されて審理は終了することになります。

　なお、原告欠席の場合のBと同様に、Aは弁論を一切行わずに退廷することができます。この場合も、訴訟手続が休止したものとみなされ、1か月以内に期日指定の申立てを改めて行えば、審理が行われることになります。

③　原告と被告の双方が欠席した場合

　最後に原告と被告の双方が欠席した場合ですが、1か月以内に期日指定の申立てがあれば、新たに日時が取り決められます。しかし新たに定められた日時に再び双方が欠席したような場合、訴えが取り下げられたものとみなされることになっています（訴え取下げの擬制）。

■ 当事者が口頭弁論を欠席した場合 ……………………………………

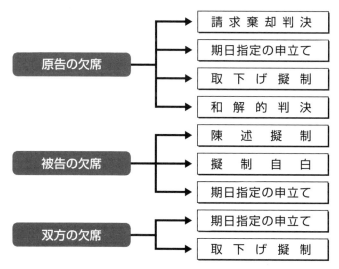

6 即日判決について知っておこう

効力は通常訴訟の判決と変わらない

即日判決とは

　即日判決とは、原告・被告双方が裁判所に出向く口頭弁論期日の当日に判決を言い渡すことをいいます。即日判決とはいえ、裁判所が出す判決であることに変わりはありませんから、その効果は通常訴訟の判決と同じです。

　ただ、早く判決が出る分、審理にかけられる時間が短いという特徴もあります。原告・被告が自分の意見を述べることができるのは口頭弁論期日1回のみですし、証拠や証人についてはその日に内容を確認できるものしか提出することができません。このため、勝訴を得るためには、口頭弁論期日までにできるだけ自分の主張を裏づける確実な証拠や証人を準備しなければならないということになります。

即日に判決を言い渡さない場合もある

　民事訴訟法370条では、「特別の事情がある場合」にはその日に判決を言い渡さないことが認められています。この場合、改めて別の期日が設定されるか、通常裁判の手続に移行することになりますが、原則はあくまで「口頭弁論期日の判決言い渡し」ですから、現実には相当の「特別の事情」がなければ別の日程をとるようなことはありません。

　特別の事情としては、次のような事情が考えられますが、特に具体的な条件などが決まっているわけではなく、そのつど裁判官が判断することになっています。

① 　1日では十分な審理ができない量の答弁や証拠が出された場合
② 　当事者や重要証人が事故等でどうしても出頭できなかった場合

③ 心証を左右する新たな証拠の申し出がなされた場合

調書判決とは

通常の裁判では、「判決書」を読み上げるという形で判決が言い渡されますが、少額訴訟においては判決書を作成しなくても判決の言い渡しができるとされています。

判決書を作成しない場合、裁判官からの判決言い渡しは口頭で行われますが、その内容は「調書」という文書にされ、当事者双方に送達されます。このような形態を**調書判決**といいます。

和解的判決とは

民事訴訟法375条によると、少額訴訟では被告の資力などを考慮し、**支払期日の猶予もしくは分割払い**を認める判決を下すことができるとしています。期間は判決言い渡し日から３年を超えない範囲内で、分割払いを一度でも怠った場合は残金の一括返済を求めることができる（期限の利益の喪失という）という特約がつけられることになってはいるものの、その期間内であれば強制執行を受ける心配もないわけですから、被告にとってもかなり安心できる判決であるといえます。このような判決を**和解的判決**と呼ぶこともあります。

仮執行宣言がつけられる

少額訴訟において、原告の請求を認める内容の判決が出される場合には、裁判所の職権で仮執行宣言をつけることが義務付けられています（民事訴訟法376条）。**仮執行宣言**とは、判決が確定していなくても強制執行できるという許可を与えることをいいます。通常の訴訟では訴状の請求の趣旨に「仮執行宣言を求める」と記載しなければ判決に仮執行宣言が付けられることはありませんが、少額訴訟では原告が仮執行宣言を求めない場合でも、判決には必ず仮執行宣言がつけられます。

不服の申立てについて知っておこう

控訴はできない

異議申立制度とは

異議申立制度は、裁判官から言い渡された判決などに不服があるときに利用する制度です。異議の申立てが受理されると、同じ事件について再度裁判所で審理をしてもらうことができます。

同様の制度として控訴・上告がありますが、少額訴訟の場合、この制度がより迅速に紛争を解決するために設けられた制度であることから、控訴は禁止されています（民事訴訟法377条）。ただ、少額訴訟では、判決を出した裁判所への異議申立てだけは認められています（民事訴訟法378条）。

なお、控訴事件や上告事件が判決を出した裁判所より上級の裁判所で審理される（たとえば簡易裁判所で出された一審判決について控訴した場合は地方裁判所で審理され、控訴判決に対して上告した場合は高等裁判所で審理される）のに対し、少額訴訟の判決についての異議申立て後の審理は、判決を出した簡易裁判所で行われます。

異議の申立ては原告・被告どちらでも行うことができます。申立てには期限があり、判決書または調書の送達を受けた日から2週間以内に行わなければなりません。

申立てが受理された後で行われる再審理は、少額訴訟に対する異議であっても即日判決ではなく、通常の訴訟と同等の手続で進められます。ただし、異議による再審理で出された判決に対しては、原則としてそれ以上異議を申し立てたり、控訴をすることはできませんので、注意してください。

8 訴状の書き方を知っておこう

「請求の趣旨」「紛争の要点」の書き方をおさえておく

訴状を提出する

　訴状は最低でも３通作る必要があります。裁判所に提出する正本と、被告に送られる副本（コピー）と、自分のもとに置いておく控えです。

　被告が複数いる場合は、その数だけ副本を余分に作成しなければなりません。作成した訴状の正本と副本は裁判所の窓口にもっていき、そこで提出します。裁判所の窓口は受理を拒むことができない決まりになっていますが、訴状に不備がある場合には訂正を求められることがありますから、訂正用に印鑑だけは持参した方がよいでしょう。

　なお、訴状を提出する際には、郵券つまり郵便切手を納める必要があります。郵便切手は、訴状の副本と呼出状を被告のもとに送るためなどに使われます。

　訴状を無事提出し終えると、訴状の番号が決められます。これを**事件番号**といいます。事件番号は、個々の事件を識別するためにつけられるものです。この番号は、必ず確認して、訴状の控えに書きとめておいてください。後で、訴訟に関して、裁判所に問い合わせをする場合に必要となるからです。

定型訴状が用意されている

　少額訴訟の提起は口頭ですることが認められていますが、実際にはほとんどの場合、訴状を作成して簡易裁判所に提出します。簡易裁判所には、少額訴訟用の定型訴状用紙があらかじめ用意されています。これは窓口でもらうことができますので、訴状を作成するにあたって利用してみるとよいでしょう。

定型訴状用紙は、貸金返還請求・売買代金請求・敷金返還請求・損害賠償請求といった個々の事件内容に従い、請求の趣旨・紛争の要点（請求の原因）が記入しやすいようになっています。

■ 具体的な訴状の書き方を知っておこう

　訴状の作り方、あるいは読み方について見ていきましょう。

　訴状には、まず第1に事件名を書きます。貸金返還請求事件・損害賠償請求事件などのように、事件の性質・内容がわかるように簡潔に書きます。なお、少額訴訟を選択した場合には、訴えを提こす際に、「少額訴訟による審理および裁判を求める」旨の申述が必要となりますが、この申述は訴状の中に明記しなければなりません。定型訴状用紙にはチェック欄がありますので、少額訴訟を起こす場合にはマークをつけます。

　次に原告と被告の欄があります。この欄には、住所、氏名、電話番号、ファクシミリ番号を書きます。原告または被告が会社などの法人である場合には、その本店（本社）もしくは主たる事務所の所在地、商号もしくは名称、代表者の資格（「代表取締役」など）および氏名を記載します。また、原告または被告が、未成年者である場合や成年被後見人である場合には、その法定代理人の住所・氏名も記載します。

　なお、訴状には原告代理人を記載する欄もありますが、自分で訴訟をする場合には、もちろん記入する必要はありません。

　請求内容は、「請求の趣旨」欄に記します。**請求の趣旨**とは、原告が訴えによっていかなる判決を求めているのかを明らかにするものです。たとえば「被告は原告に対し金1000万円を支払え」など、原告が裁判所に対しどのような判決を求めるのか、その内容を記載します。訴訟が勝訴に終わったときには、この請求の趣旨欄に記載された内容が、そのまま判決の主文になります。

　「請求の趣旨」と関連して「請求の原因（訴状中の紛争の要点）」を

書きます。**請求の原因**とは、請求の趣旨がどういう法律関係に基づくのかを特定するための記載です。たとえば、請求の趣旨欄に「被告は原告に対し金○○円を支払え、との判決を求める」と書かれた金銭の支払請求は、これだけでは、その金銭が何のための支払いなのかがわかりません。金銭の支払いといっても、貸金の返還もあれば、売掛金（売上代金）の支払いもあり、損害賠償の請求もあります。そこで、この請求がどのような法律関係に基づくものなのかを特定するために、請求の原因を記載するのです。

　少額訴訟における「請求の原因」（訴状中の紛争の要点）は、どの

■ 少額訴訟の訴状の書き方 ···

少額訴訟を利用する旨の記載

訴　状

少額訴訟を利用する旨の記載
➡定型訴状用紙にはチェック欄があるので、少額訴訟を起こす場合にはマークをつける。

被告についての記載

請求の種類

当事者についての記載

押印
➡必要事項を記入し、氏名の右側に押印した後、用紙の左側2か所をホチキスでとめる。

紛争の要点（請求の原因）
➡訴状の中核にあたる部分なので注意して書く

請求の趣旨
➡仮執行の宣言を求める場合にはその旨を記載しておくとよい

添付書類
➡訴状と一緒に提出する書類について記載する

ようなことが争いとなっており、どのような解決を求めているのかを裁判所に伝えるために記すものなので、通常の民事訴訟における訴状のように、法的に構成される必要はありません。わかりやすく書くことに気をつければよいでしょう。

以上の他に、契約書などの証拠書類を添付した場合には、訴状の末尾に証拠方法として、その書類の題名（立証方法）を記載します。

また、訴状といっしょに提出する添付書類についても、その内容を同様に付記しておきます。

▌訴状を提出する

以上のような必要事項を記入し、氏名の右側に押印した後、用紙の左側2か所をホチキスでとめれば訴状はできあがりです。なお、訴状の各ページの下にページ番号が記載されている場合には各ページに契印（書類が、複数ページある場合に、すべてが一体の書類であることを示すために、とじ目をまたいで押印すること）をする必要はありません。

訴状を提出する際には、裁判所へ訴訟費用を納めなければなりません。請求金額に応じて納める手数料（収入印紙）と相手方の呼出しに使用する費用（郵便切手）などが必要になります。訴状の貼用印紙（収入印紙）は、請求する金額に応じて1,000円〜6,000円の間におさまります（申立手数料の金額については、通常訴訟と少額訴訟で違いはありません）。予納郵券（郵便切手）代は裁判所により異なります。本書では、第5章以降で支払督促申立書と少額訴訟の訴状のサンプルを掲載していますが、東京簡易裁判所に申し立てることを想定して予納郵券の金額を記載しています。

証人を取り調べる場合、その証人が日当などを請求するときは、日当・旅費に相当する額を事前に納付する必要があります。さらに、少額訴訟では1回の期日で審理を終えるために、契約書や借用書などの証拠書類を口頭弁論期日の前に提出しておかなければなりません。

第4章

支払督促のしくみ

支払督促の申立てはどこの裁判所に出せばよいか

金額の大小にかかわらず簡易裁判所に申し立てる

支払督促は簡易裁判所の裁判所書記官に申し立てる

　支払督促は、簡易裁判所の裁判所書記官を通じて相手方に対して債務を支払うように督促する手続です。相手方との間で債権の存在の有無について食い違いがない場合に効果があります。ただし、相手方が督促内容に異議申立てを行うと支払督促の内容そのものについての争いとなるため、民事訴訟手続へと移行します。したがって、相手と意見が食い違うおそれがあるときは、最終的に訴訟となってもかまわないと思えるような場合に支払督促を利用するのが一般的です。

　支払督促の申立てを行う場合、金銭的な限度はありません。つまり、数千円程度の借金から億単位の債権回収まで金額の大小に関係なく利用することができます。また、通常訴訟でもありませんから、140万円を区切りとした簡易裁判所と地方裁判所の管轄の違いもなく、必ず簡易裁判所の裁判所書記官に申し立てることになります。ただ、その後、相手方が異議を申し立てた場合は通常訴訟となりますから、金額に応じた管轄の裁判所で手続を行うことになります。

審査は形式的になされる

　支払督促の申立てを受けた裁判所の裁判所書記官は、申立人が主張する内容についての審査は行いません。申立時に提出された書面を形式的に確認する方法で審査が行われます。つまり、申立ての内容が正しいものとして手続を進めるわけです。裁判所書記官は、申立てについて、形式的な要件を充足しているかどうかを審査します。

　たとえば、同じ内容の申立てを重複して行う二重申立ては無意味で

あるため、形式的に判断された上で、申立てが却下（申立内容を判断することなく申立てを退けること）されます。支払督促の申立てを行う場合には、事前に書面の記載漏れなどがないかを確認しましょう。

支払督促の対象となる債権の種類

支払督促の対象となる債権は、金銭その他の代替物または有価証券の一定数量の給付請求権です。債権が支払督促の対象となるには、その支払期限が到来していることが条件となります。まだ支払期限が来ていないのに支払督促を申し立てることはできないのが原則です。

支払督促の申立てを行う簡易裁判所はどこか

支払督促の申立ては、相手が個人の場合には、その者の住所地を管轄する簡易裁判所の裁判所書記官に対して行います。相手が法人の場合には、その法人の事務所（営業所）の所在地を管轄する簡易裁判所の裁判所書記官に対して行います。管轄があっているかどうかの判断は、申立書に記載される債務者の住所地や法人の事務所（営業所）の

■ **支払督促の手続の流れ**······································

① 債務者の住所地の簡易裁判所へ行く

② 支払督促を申し立てる

　　異議があれば
　　民事訴訟手続きへ

③ 異議申立期間の満了

④ 仮執行宣言を申し立てる

⑤ 仮執行宣言付支払督促の送達

　　異議があれば
　　民事訴訟手続きへ

⑥ 仮執行宣言付支払督促の確定

　　正本送達後、2週間以内に
　　異議申立てがない場合

⑦ 強制執行の申立てをする

　　債務者が支払いを
　　拒み続けているとき

⑧ 債務者の財産に強制執行

所在地から判断されます。記載された住所地や所在地が申立てを受けた裁判所の管轄ではなかった場合、申立ては却下されます。また、相手の住所地や所在地が申立書の記載内容と異なり、実際は申立てを受けた裁判所の管轄ではなかった場合も、申立てが却下されます。

▊ 請求の原因が不適法な場合は却下される

　支払督促をする原因自体が適法なものではなかった場合、申立ては却下されます。適法ではない場合としては、たとえば、とばくによる借金に対する返済の請求や、利息制限法で定める年利（1年単位の利率のこと）の上限を超える利息を付した借金の支払請求などです。たとえば、利息制限法では、借金などの金銭債務の元本が10万円未満の場合には、年利20％が上限であると定められています。元本が10万円以上100万円未満の場合には年利18％、100万円以上の場合には年利15％が上限とされています。これを超過した分は債務者が同意していたとしても無効なので、申立ては却下されます。

▊ 申立書や添付書類に不備がある場合

　申立書に簡単な不備があった場合には、**補正**することになります。補正とは、不備のある部分を訂正したり補充することです。たとえば、手数料や切手が定められている分に満たないために補正を指示された場合、その不足分を追加納付する必要があります。

　指示された補正を行わない場合、裁判所書記官は一定期間を定めた上で補正を命じます（補正処分）。それでも補正を行わない場合、支払督促の申立ては却下されます。なお、申立てを却下された後、再び申し立てることはできます（二重申立てにはあたりません）。

　そして、申立てが受理されると番号がつけられ、その後の裁判所とのやりとりに使われます。この番号を事件番号といい、「A簡易裁判所令和○年（ロ）第×××号△△事件」といった形式でつけられます。

2 支払督促の申立書を書く

契約書などを提出しなくてもよいのが特徴

申立書と添付書類について

　支払督促の手続は、簡易裁判所の裁判所書記官に提出する書類をもとに進められます。提出する申立書や添付書類には正確な内容を記載しなければなりません。

① 申立書（支払督促申立書）

　支払督促の手続は、申立書（支払督促申立書）を提出することからはじまります。申立書は自分で最初から全部を作成するか、簡易裁判所に備えられているＡ４版の申立用紙に必要事項を記載して提出します。以下、裁判所に備えつけの用紙の利用を前提に話を進めます。

　申立書は「表題部（表紙）」「当事者目録」「請求の趣旨及び原因」によって構成されています。これらの用紙を左とじにして、契印を押します。契印は、書類の差し替え防止などを目的とするもので、それぞれの用紙のとじ目にまたがって印を押します。申立書への記載事項は、申立年月日、債権者・債務者の氏名・住所（法人の場合は名称・所在地・代表者氏名）、請求の趣旨、請求の原因などです。申立書はペン書き・楷書で記入し、原則として算用数字を使います。

② 目録などの数

　支払督促の申立てがなされると、申立てを受けた簡易裁判所の裁判所書記官が審査を行い、債務者に支払督促を送ります（送達）。支払督促には、債権者が申立時に提出した「当事者目録」「請求の趣旨及び原因」が添付されます。そのため、申立書の「当事者目録」「請求の趣旨及び原因」といった目録は、申立人の分を含めて原則として、それぞれ３通提出することになります。

必ず添付しなければならない書類がある

　支払督促の申立ての際には、申立書以外に、委任状、法人の登記事項証明書、戸籍謄抄本など、必要に応じて証明書類を添付する必要があります。ここでは、添付書類について説明します。

① **委任状**

　委任状は、代理人に支払督促の申立てをしてもらう場合に必要となるものです。代理人が弁護士や簡易裁判所の訴訟代理権を認定された司法書士（ただし、請求額の元本が140万円以下の場合）ではない場合には、代理人許可申請書も添付します。

② **法人の登記事項証明書**

　登記事項証明書（登記簿謄抄本）は、支払督促の申立時に債権者や債務者が法人の場合に添付します。登記事項証明書は、その法人の存在について証明したり、法人の代表者が代表権を持っていることを証明するために必要とされます。添付すべき登記事項証明書として、代表者事項証明書、履歴全部事項証明書などが挙げられています。

③ **戸籍謄抄本など**

　当事者が未成年者である場合や成年被後見人である場合に添付する必要があります。この場合には、未成年者や成年被後見人の法定代理人が支払督促の申立てを行ったり、反対に申立てを受けることになります。戸籍謄抄本（戸籍謄本・戸籍抄本）や成年後見人の登記事項証明書は、法定代理権がその代理人にあることを証明するために添付します。法定代理権とは、本人による依頼などではなく、本人の意思とは無関係に法律上当然生じる代理権です。

　なお、戸籍をコンピュータ化した地方自治体では、戸籍謄本は戸籍全部事項証明書、戸籍抄本は戸籍個人事項証明書と呼んでいます。

契約内容を証明する書類はいらない

　支払督促の申立てを受けた簡易裁判所の裁判所書記官は、支払督促

の申立時に提出された申立書だけを審査します。つまり、債権者が主張している内容が正しいかどうかを判断することはありません。したがって、代理権や代表権を証明する書類などを除いて、たとえば契約の存否を証明する契約書などの書類を提出する必要はありません。

▌申立ては書面で行う

　支払督促の申立ては申立書を作成して提出するのが一般的です。最も間違いのない方法は、簡易裁判所に備え置いている書式を利用することです。裁判所まで取りにいくのが面倒であれば、裁判所のホームページ（https://www.courts.go.jp/）からダウンロードできます（書き方の見本もダウンロードできます）。

　申立書には、「請求の趣旨及び原因」を記載する必要があります。「請求の趣旨」は、「主たる請求」「付帯請求」「申立手続費用」という3つの内容から成り立っています。

　「主たる請求」とは、請求する金額のことをいいます。97ページの書式「請求の趣旨及び原因」の中の「請求の趣旨」の1に「金

■ 支払督促申立書の分類

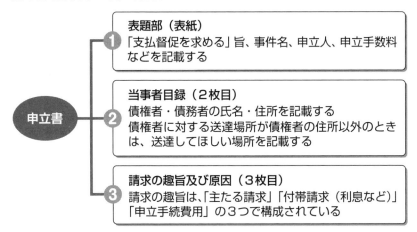

400,000円」と記載されている箇所を指します。請求金額は明確に書く必要があります。

記載方法は定型化している

表題部には、「請求の趣旨及び原因」の右横に「別紙請求の趣旨及び原因記載のとおり」と書いて、その下に、「債務者は、債権者に対し、請求の趣旨記載の金額を支払えとの支払督促を求める」といった文章を入れていきます。ただし、この箇所はすでに簡易裁判所に備え置かれている書式の中で印字されているので、改めて記載するまでもないでしょう。

なお、債務者が複数で連帯債務（複数の債務者が独立して全額の債務を負担すること）の関係にある場合は、「債務者は」の箇所を「債務者らは連帯して」と変えて記載します。また、主たる債務者と保証人（または連帯保証人）に請求する場合（実務上はかなり多いケースです）は、「債務者は」の箇所を「債務者らは、各自債権者に対し」などと変えて記載することになります。

付帯請求とは

付帯請求とは、おもに完済までの遅延損害金（返済期限までに支払わない場合に課されるペナルティのこと）の請求のことです。「主たる請求」は請求している金額ですが、これに「付帯」して発生する債権が遅延損害金なので、「付帯請求」という言い方をしています。

付帯請求の書き方の基本

付帯請求の書き方は、「（□上記金額 □上記金額の内金　円）に対する（□支払督促送達日の翌日 □令和　年　月　日）から完済まで、年　％の割合による遅延損害金」のように定型化されています。

そこで、付帯請求の起算日（いつから請求するか）と利率（年何％

の割合か）を記載します。なお、支払督促の申立てまでに起算日が明確になっていない場合は「□支払督促送達日の翌日」の□欄にレ点をつけます。また、主たる請求の一部（内金）にのみ遅延損害金が発生する場合は「□上記金額の内金」の□欄にレ点をつけて、内金の金額を記載します。

申立手続費用を誰が負担するか

　支払督促を申し立てるには、申立手続費用を納めなければなりませんが、かかった費用は、最終的には相手方である債務者に負担させることができます。費用の内訳は、①申立手数料、②支払督促正本送達費用、③支払督促発付通知費用、④申立書作成及び提出費用、⑤資格

■ 請求の趣旨及び原因 ・・

請求の趣旨及び原因

請求の趣旨
1　金　　　　400,000 円
2　（☑上記金額、□上記金額の内金　　　　　　　　円）に対する
　　（□支払督促送達日の翌日、☑令和 ○ 年 ○ 月 ○ 日）
　　から完済まで、年 ○ ％の割合による遅延損害金
3　金　　　　4,600 円（申立手続費用）

請求の原因
1　（1）契約日　　　令和 ○ 年 ○ 月 ○ 日
　　（2）契約の内容　債務者乙川次郎は、債権者から購入した下記商品の
　　　　　　　　　　　代金を支払う。支払方法は、契約にあたり100,000円
　　　　　　　　　　　を、商品引渡後10日以内に残代金を支払う。
　　　　　　　　　　　（商品）パソコン２台

　　（3）連帯保証人　なし

2

代　金	支払済みの額	残　額
500,000円	100,000円 （最後に支払った日 令和○年○月○日）	400,000円

証明書手数料、に分けられます。以下、それぞれについて説明をしていきましょう。

① 申立手数料（印紙）

収入印紙を申立書に添付して納めます。その額は、訴訟の場合の半額とされていますが、具体的には、請求金額が10万円以下の場合の500円からはじまり、請求金額が10万円を超えるごとに500円が加算されていきます（次ページ図参照）。ただし、100万円を超えると、20万円を超えるごとに500円が加算されていきます。以後、請求金額が増えると、その分加算額も変わってきます。

② 支払督促正本送達費用

裁判所から債務者に支払督促正本を送達（郵送）する際にかかる費用です。この場合の郵送方法は特別送達といって、通常の郵送方法より高額になります。債務者1人につき1100円程度です。

③ 支払督促発付通知費用

裁判所から債務者に支払督促正本の送達と同時もしくはその後に債権者に対して発付される通知にかかる費用です。つまり、「支払督促正本を債務者に送りましたよ」と裁判所から債権者に対するお知らせにかかる費用のことです。この通知は②と異なり、普通郵便で送付されるので、かかる費用は少額です。

④ 申立書作成及び提出費用

債務者に負担してもらう費用として計上しますが、2021年（令和3年）4月現在、申立書の枚数、提出方法、提出に伴う出費にかかわりなく、一律800円です。

⑤ 資格証明書手数料

資格証明書とは、法人の登記事項証明書や、法定代理人が申し立てる場合の戸籍謄抄本などのことです。たとえば、債権者や債務者が法人の場合であれば、法人の実在性を証明するために登記事項証明書を申立書に添付しなければなりません。その際に法務局（登記所）から

取り寄せた費用（窓口では１通600円程度）も申立手続費用に計上できます。なお、弁護士や司法書士に委任した場合にかかる費用については、申立手続費用に含めることはできません。

▌請求の原因の書き方

「請求の趣旨」には、「債務者は、債権者に対し、金40万円を支払え」などと書きます。これに対して、「請求の原因」とは、なぜ債権者が40万円を支払えと主張しているのか、という請求の内容を特定するのに必要な具体的事実を記載した箇所となります。つまり、単に「40万円支払え」と記載するだけでは、それが未払いの給与なのか、それとはまったく別の契約関係に基づいて発生した債権債務関係なのか、相手方にも裁判所にもわかりません。そこで、債権者としては、債務者に対して40万円を請求する事実関係を具体的に「請求の原因」として記載する必要があるのです。

■ 支払督促の申立手数料一覧 ‥‥‥‥‥‥‥‥‥‥‥‥‥

訴額(万円)	手数料(円)	訴額(万円)	手数料(円)
0～10	500	～200	7500
～20	1000	～220	8000
～30	1500	～240	8500
～40	2000	～260	9000
～50	2500	～280	9500
～60	3000	～300	10000
～70	3500	～320	10500
～80	4000	～340	11000
～90	4500	以下、訴額500万円までの部分は、20万円ごとに手数料500円が加算される。訴額1000万円までの部分は、50万円ごとに手数料1万円が加算される。訴額10億円までの部分は、100万円ごとに手数料1500円が加算される。	
～100	5000		
～120	5500		
～140	6000		
～160	6500		
～180	7000		

令和３年３月現在

支払督促は送達という方式で送付される

　債権者が支払督促を申し立てた場合、裁判所書記官がその内容を審査して形式上問題がないと判断すると、債務者に支払督促正本が送達されます（債権者には送達されずに「通知」がなされるだけです）。送達方法は**特別送達**という発送方式がとられています。

　特別送達とは、郵便配達員が債務者の送達場所（自宅や就業場所など）に正本を持参して、本人や家族などに直接受け取ってもらう発送方式のことです。仮に債務者が留守で、他に誰も受け取る者がいなければ、郵便配達員は不在者票をポストなどに投函します。その場合、債務者は不在者票を持参して、指定された期限までに郵便局にとりにいくことになります。期限までに取りに行かなかったり、受け取りを拒絶した場合は、裁判所に返還されてしまいます（不送達）。

　支払督促正本が裁判所に返還されると、支払督促の手続は終了することになります。しかし、これでは債務者が留守を装えば支払督促から逃れるのを結果的に認めてしまうことになり不合理です。そこで、債務者の逃げ道を防ぐ方法として**付郵便送達**があります。付郵便送達とは、送達場所に書留郵便によって送達する発送方式です。この方式を利用することによって、実際に債務者が支払督促正本を受領したかどうかにかかわらず、法律上債務者に送達したとみなすことができます。

送達場所が誤っていたときは

　債権者のミスで債務者の送達場所の表示が誤っていたり、債務者が引っ越していたなどの事情で、債務者に送達されなかった場合は、支払督促正本がいったん裁判所に返還され、債権者には送達不能の通知が送られます。債権者としては、通知を受け取ってから2か月以内に新たな送達場所を指定して、再度申し立てなければなりません。申立てをしないと、支払督促を取り下げたとみなされてしまいます。

3 仮執行宣言を取得してはじめて意味がある

支払督促の申立てとは別に仮執行宣言の申立てを行う

仮執行宣言がつけられると効力が異なる

債権者の「金50万円を支払え」という内容の支払督促正本の送達に対して、債務者が素直に50万円を支払えば、支払督促事件は終了します。ところが、債務者が支払おうとせず放置している場合に、債権者が直ちに債務者の財産を差し押さえて強制執行できるのかといえば、それはNOです。強制執行をかけるには、支払督促とは別に**仮執行宣言**の申立てをしなければならないからです。

仮執行宣言によって、債権者は支払督促の申立て後、約2か月程度で強制執行による債権回収を図ることが可能になります。仮執行宣言の発付後は、債務者から異議申立てがなされても、それだけで強制執行が止められることはありません。債務者が強制執行を止めるには、別途その旨の手続が必要です。これに対し、債務者は仮執行宣言前に適法な異議申立てをすれば、強制執行を止めることができます。

仮執行宣言の申立てができる期間

仮執行宣言は、何もしないまま支払督促につけられるわけではありません。仮執行宣言を取得するには、支払督促の申立てとは別に、新たに「仮執行宣言の申立て」をしなければなりません。

ところで、債務者は、支払督促正本の送達を受け取った日から2週間以内に**異議申立て**ができます。たとえば、7月1日に支払督促正本が送達されたとすると、7月15日までに異議申立てが認められるということになります。この期間内に債務者が異議申立てをしなかった場合、2週間目の日の翌日（7月16日）から30日以内に、債権者は仮執

行宣言の申立てをしなければなりません。先ほどの例では、8月14日までに申し立てる必要があります（期間が0時から始まるので初日算入）。この30日以内に仮執行宣言の申立てをしないと、支払督促は失効してしまうので注意してください。

　仮執行宣言の申立ては、支払督促の申立てをした簡易裁判所に書面を提出する必要があります。書式についても、支払督促申立書と似ており、それほど難しくはありません。内容としては、仮執行宣言を求める旨や手数料などを記載します。申立てが認められると、仮執行宣言付支払督促の正本が債権者と債務者の双方に送達されます。

▌仮執行宣言の申立てが却下された場合

　仮に、書類上の不備などが理由で仮執行宣言の申立てが却下された場合は、裁判所からその旨が債権者に告知されます。告知を受けた債権者が却下されたことについて納得がいかないときは、却下の告知を受けた日から1週間内に、申立先裁判所に異議申立てをしなければなりません。この異議申立てについてなされた裁判で、債権者の異議申立てに理由がないと判断された場合には、さらに「即時抗告」という方法によって争うことができます。

■ 仮執行宣言付支払督促の送達から確定までの流れ ……………

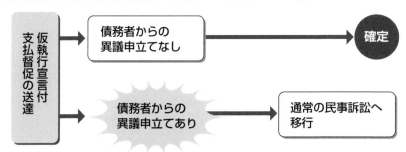

■ 仮執行宣言の申立て ···

仮 執 行 宣 言 の 申 立 て

債権者　甲山太郎

債務者　乙川次郎

上記当事者間の令和　　◯　年（ロ）第　　◯◯◯◯　　号支払督促申立事件について，

債務者は，令和　◯　年　◯　月　◯　日支払督促の送達を受けながら，法定期間内に

督促異議 の申立てをせず，また，

☑　債務の支払をしない。

☐　申立後に別紙のとおり支払があったので，別紙のとおり充当したが，残額の支払をしない。

そこで，下記の金員1及び2につき仮執行宣言を求める。

記

1　☑　支払督促の請求の趣旨記載金額

　　☐　支払督促の請求の趣旨記載金額の内金　　　　　　　円及び金　　　　　　　　円
　　　　に対する令和　　年　　　月　　　日から完済まで年　　　　％の割合による金員
　　　　並びに督促手続費用

2　仮執行宣言の手続費用　　　　　　金　　　◯◯◯◯　円
　　（内訳）
　　　　仮執行宣言付支払督促正本送達費用　　金　　　◯◯◯◯　円

令和　◯　年　◯　月　◯　日

　　　　　債権者　　　　　　　　　甲山太郎　　㊞

　　東京　簡易裁判所　裁判所書記官　殿

＊受付印

＊郵便切手	円	＊係印
＊葉書	枚	

Q 異議申立てをすると通常の訴訟に移行するというのはどういうことでしょうか。

A 支払督促手続きだけでは、債務者にも後日反論の機会を与えないと手続上不公平になってしまいます。そこで、民事訴訟法は、債務者のために異議申立てという手続きを設けて、債務者にも反論する機会を提供しています。債務者は支払督促正本を受領後2週間内に、支払督促に同封されている「督促異議申立書」を提出して、通常の民事訴訟に移行していくことになります。債権者が仮執行宣言を申し立てた場合は、その後に仮執行宣言が発付されてから債務者に仮執行宣言付支払督促が送達されます。この場合も、債務者は受領後2週間内であれば、督促異議の申立てをすることができ、これにより手続は通常の民事訴訟に移行します。

ただし、仮執行宣言付支払督促に対して督促異議を申し立てても、別途執行停止の手続きをとらなければ強制執行（仮執行）を止めることはできないという点に注意が必要です。督促異議の申立先は、支払督促を発付した裁判所書記官が所属する簡易裁判所です。督促異議が申し立てられると、通常の民事訴訟に手続が移行していきます。督促異議が申し立てられた時点で、通常の民事訴訟が提起されたとみなされます。

■ **督促異議後の手続の流れ** ……………………………………………

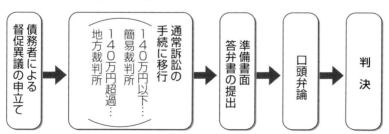

債務者による督促異議の申立て → 通常訴訟の手続に移行（140万円以下…簡易裁判所　140万円超過…地方裁判所） → 準備書面答弁書の提出 → 口頭弁論 → 判決

第 5 章

給与・賞与・退職金をめぐる
トラブルと解決法

会社に未払い賃金の支払いを求める

就業規則や給与明細などをきちんと準備しておくこと

賃金の支払いを確保するためのルールがある

　労働基準法においては、賃金は給料だけではなく、手当や賞与など、名称を問わず、労働の対価として会社が労働者に支払うものすべてを含むと規定されています。

　賃金は労働者の生活の糧となるものですから、確実に受け取れるようにしておかなければなりません。そのため、労働基準法では労働者に対する賃金の支払いを確保するルールが定められています。

　経営が苦しくなると賃金の支払いを遅らせる会社がありますが、賃金は毎月1回以上、一定の期日に支払わなければならないということが定められており、賃金の遅配は認められません。支払いが遅れた場合には遅れた日数分について年3％の利率で計算した遅延損害金（期日に支払わなかった場合にペナルティとして請求される金銭のこと）の支払いを要求することができます。また、会社は労働者に貸し付けた金銭があるとしても、賃金と一方的に相殺（お互いの貸し借りを同じ金額の範囲で帳消しにすること）することは禁止されているので、労働者に何らかの金銭を貸し付けているからといって賃金を支払わなくてよいということにはなりません。

倒産すると賃金はどうなるか

　会社が倒産した（破産した）場合に、賃金（給料）や退職金などの労働債権をどう確保するかは重要な問題です。経営が苦しくて倒産するわけですから、倒産に至る過程の中で、すでに賃金の遅配が発生していることもしばしばあります。労働者として労働債権がどのように

扱われるのかを知っておきましょう。

① 労働債権の優先順位と届出

　会社が倒産した場合、労働債権については、配当において他の一般債権者（債権に抵当権・質権などが付いていない債権者）に優先する債権として扱われます。このため、会社の倒産時、労働者は他の一般債権者よりも優先して未払賃金などの弁済を受けることができます。

　労働債権のうち、破産手続開始前3か月間に生じた未払賃金と、退職前3か月間の賃金総額に相当する未払退職金は、さらに保護が厚く、納期限が破産手続開始前1年を経過していない租税債権（主として国税・地方税）と同順位である財団債権となり、優先して弁済を受けることが可能になります。なお、退職金に関しては、就業規則や退職金規程などに規定のある退職金のみが労働債権として扱われることに注意を要します。

　その一方で、労働債権は、抵当権・質権などが付いている債権よりも劣後します。したがって、労働債権を確保するには、後述する未払賃金立替払制度の利用も検討するのがよいでしょう。

　会社の倒産後、債権者に対しては、裁判所が債権届出書を送付します。労働債権がある者にも送付されますので、記載された届出期間内に裁判所に必ず送付しましょう。届出期間後に提出しても債権届出書

■ 立替払いの額 ………………………………………………………………

未払い賃金の総額の100分の80の額です。ただし、総額には上限が設けられています。上限額は表の通りで、退職の時期および年齢により異なります。

退職労働者の退職日における年齢	未払賃金の上限額	立替払いの上限額
45歳以上	370万円	296万円
30歳以上45歳未満	220万円	176万円
30歳未満	110万円	88万円

は、原則として受理されませんので注意が必要です。

② 取締役などの法的責任を追及する

　会社の取締役（代表取締役を含む）などの役員個人は、法的には会社とは別の存在です。そこで、倒産について役員個人の法的責任を追及することで、労働債権を回収できる可能性があります。たとえば、会社法429条に基づき放漫経営をした結果として倒産させるなど、職務執行に悪意または重過失がある取締役に対して、損害賠償責任を追及することも考えられます。

▌未払賃金立替払制度を活用する

　会社が倒産した場合に、給料などの労働債権をどう確保するかは重要な問題です。

　未払賃金については、「賃金の支払の確保等に関する法律」（賃確法）による**未払賃金の立替払い制度**を利用できる場合があります。これは、会社が倒産した場合に残っている未払賃金の総額のうち、8割を「独立行政法人労働者健康安全機構」が立替払いをする制度です。ただし、未払賃金の総額には上限が定められています（前ページ図）。対象となる労働者は、会社が倒産した日の6か月前の日から2年以内に退職した者です。パート・アルバイトなども含まれます。なお、「会社が倒産した」とは、破産、民事再生など法律上の倒産と事実上の倒産のことをいいます。事実上の倒産については労働基準監督署長の認定が必要となります。

　この制度では、退職日の6か月前の日から賃金立替払い請求日の前日までの間に支払期日が到来している賃金や退職金で、未払いのものが対象になります。賞与は対象外です。なお、賃金立替払いの請求は労働者健康安全機構に労働者自身で行います。ただし、労働者が立替払を受けるためには、労働者災害補償保険（労災保険）の適用事業場で1年以上事業活動をしていた事業主に雇用されていなければなりません。

会社に残業代の支払いを求める

残業した事実を客観的に証明できる証拠が必要

法定労働時間と残業代の計算方法

　業務が繁忙であった場合、労働者の勤務時間は長期化しがちですが、会社は無条件に労働者に残業を命じることはできません。

　具体的には、「週40時間、1日8時間」を超える労働を労働者にさせてはならないという決まりが労働基準法32条に定められています。この週40時間、1日8時間の労働時間のことを**法定労働時間**といいます。法定労働を超えて労働させた場合には労働者に対して割増賃金、いわゆる残業代を支払う必要があります。

　では、残業をした場合の賃金はどのように計算するのでしょうか。

　ここで問題になるのは、その残業が前述した法定労働時間内であるかです。つまり、雇用契約で1日6時間勤務と定められているAさんが仮に2時間残業したとしても、それは1日8時間の法定労働時間内ですので、残業した時間の1時間当たりの賃金は法定時間内の賃金と同じです。時給1,000円であれば、2時間で2,000円になります。

　一方、法定労働時間を超える残業をした場合には会社は割増賃金を支払う必要があります。割増賃金については通常の賃金に25％以上の割増率を乗じて計算します。たとえば、前述したAさんが10時間働いた場合には8時間までは8,000円で、残りの2時間については1,000円に1.25を乗じた時給1,250円で計算します。つまり法定労働時間を超えた2時間分については2,500円となります。

　残業が深夜（午後10時〜午前5時）に及んだ場合には、さらに割増率が高くなります（112ページ図）。また、時間外労働が月60時間を超えた場合、その超えた分の残業代については、割増率が50％以上とな

ります（ただし、中小企業は令和5年4月1日から）。

付加金の支払いを求める

付加金とは、解雇予告手当（使用者が労働者に少なくとも30日前からの解雇予告をしない場合に支払わなければならない賃金）、休業手当（使用者の都合で労働者を休業させた場合に労働者に支払わなければならない手当）、割増賃金、年次有給休暇中の賃金の4つを支払わない使用者に対して、労働者の請求により、裁判所が制裁として支払いを命じることができる金銭です。労働審判では付加金の支払いは認められませんが、労働審判が裁判に移行することを見越して申立書には付加金の請求についても記載しておくとよいでしょう。

固定残業手当とは何か

労働基準法では、時間外労働をした場合、給与計算期間ごとに集計して割増賃金を支払うよう定めています。一方、残業手当をあらかじめ固定給に含め、毎月定額を支給している会社も少なくありません。このように残業手当を固定給に含めて支給すること自体は、法的には問題ないのですが、注意して制度設計をしないと労働基準法違反になってしまうこともあります。この**固定残業手当**を適法に行うためには、次の3つの要件が必要です。

① 基本給と割増賃金部分が明確に区分されている

② 割増賃金部分には何時間分の残業時間が含まれているのかが明確である

③ 上記②を超過した場合には、別途割増賃金が支給される

要件としてはこの3つですが、会社が固定残業手当を新たに導入するためには就業規則（賃金規程）を改正しなければなりません。

特に、就業規則や賃金規程、労働契約の定め方に気を配り、従業員への明確な説明をしっかり行わなければなりません。固定残業手当の

導入は、支給の経緯、実態などから見て「定額手当＝残業代」と判断できるものである必要があるのです。

なぜ固定残業手当を設けるのか

固定残業手当を導入すると、一定の残業時間分の残業手当が、残業時間にかかわらず支給されます。さらには固定残業手当の導入要件の③の通り、想定された残業時間を超過した分は別途支給しなければなりません。

一方、固定残業手当の導入による一般的なメリットとしては不公平感の解消です。同じ仕事を残業なしでこなす従業員と残業を10時間してこなす従業員間では、通常の残業手当の考え方だと後者の方が残業手当を多くもらえてしまい不公平に感じられますが、固定残業手当では固定残業時間内であれば賃金が同額になりますので公平感があります。

また、会社にとっても、固定残業時間以内であれば、実残業が発生しても追加の人件費が発生せず、年間の人件費の見通しが立てやすいことや賃金計算の効率化などのメリットがあります。

■ 未払いの残業代があった場合の支払額（令和２年４月以降）…

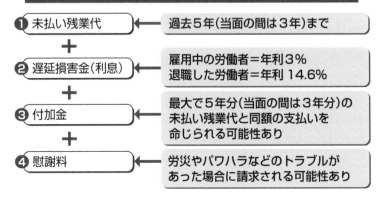

賃金支払日が令和２年４月以降の分について支払うべき金額

❶ 未払い残業代 ← 過去５年（当面の間は３年）まで

＋

❷ 遅延損害金（利息） ← 雇用中の労働者＝年利３％
退職した労働者＝年利14.6％

＋

❸ 付加金 ← 最大で５年分（当面の間は３年分）の未払い残業代と同額の支払いを命じられる可能性あり

＋

❹ 慰謝料 ← 労災やパワハラなどのトラブルがあった場合に請求される可能性あり

固定残業手当がなじまない職種もある

　固定残業手当はすべての業種・職種に適用してうまくいくとも限りません。効果の出やすい職種、効果の出ない職種はあります。

　たとえば小売店や飲食店では、営業時間がほぼ一定で、開店準備や閉店業務にかかる時間も大きな変動はありません。このような業務では、毎月の残業時間がほぼ一定となりますので、固定残業手当を導入しやすい職種だといえます。

　一方、生産ラインが確立されている製造業や、一般的な事務作業の場合、業務量の増減は各従業員の裁量ではできず、またその増減が予想しにくいこともあります。このような職種の場合、固定残業手当を導入するより、実際に残業した時間に対しその都度計算された残業手当を支給した方が、従業員のモチベーションにもつながる可能性があるといえるでしょう。

考えられる法的手段と書類作成の注意点

　口頭による未払い残業代についての支払要求に応じてもらえない場合は法的な措置を検討します。書類を作成する際には、証拠となる資料をあわせて用意することで、より効果的になります。

　一番シンプルな方法は、内容証明郵便で会社に対して未払の残業代

■ 割増賃金の支払いが必要になるケースと割増率 ……………

時間帯	割増率
時間外労働	25%以上
時間外労働（月60時間を超えた場合）	50%以上
休日労働	35%以上
時間外労働が深夜に及んだとき	50%以上
休日労働が深夜に及んだとき	60%以上

※労働時間が1か月60時間を超えた場合に支払われる残業代の割増率については、令和5年3月末まで、中小企業には適用が猶予される。

の支払いを求める方法です。配達証明と組み合わせて、どのような内容の通知を、いつ差し出して、いつ相手に到達したかを証明するために使います。

タイムカードの打刻状況などから残業代未払いの事実が明白である場合には、支払督促（第4章）を申し立てるのが有効です。支払督促の途中で会社から異議が出されると通常の裁判手続に移行します。支払督促の申立書は裁判所のホームページで公開されています。申立書に「請求の趣旨及び原因」を記載する欄がありますので、未払い残業代の金額と、請求の根拠となる残業時間を記載します。

また、残業代が60万円以下の場合には、少額訴訟（第3章）を利用するとよいでしょう。原則として1回の期日で審理が終了し、判決が言い渡されます。少額訴訟の訴状（申立て時に提出する書類です）は裁判所のホームページで公開されています。訴状の「請求の趣旨」の欄に、請求する金額を、「紛争の要点（請求の原因）」の欄に未払いの残業手当の計算根拠を記載します。法定時間外労働の未払いの場合にはあわせて付加金（110ページ）も請求することになります。

同じく裁判所を使う手続として、労働審判があります。話し合いがまとまらない場合にも実情をふまえた結論（労働審判）を示してくれます。労働審判の結論に不服があれば通常の裁判に移行することもで

■ 残業手当込みの賃金の支払い……………………………………………

きます。労働審判の申立てを行う場合、申立書にはまず、「申立ての趣旨」として、会社側が支払っていない残業代の支払いを求める旨を記載します。また、各支払期日の翌日から支払い済みまでの期間に対する、年6％（支払日が令和2年4月1日以降の賃金については年3％）の割合による金員の支払もあわせて要求します。申立書内の「申立ての理由」部分には、未払いの残業手当の計算根拠となる事実、たとえば申立人が連日のように残業を行っていた事実や、会社側から賞与内に含まれているという理由で残業代が支払われなかったこと等を記載します。

　残業代の支払を請求するには、残業実績を示す証拠が必要です。具体的には、給与明細書に加え、タイムカードなどの勤怠状況を把握できる証拠を用意する必要があります。また、たとえば、会社が残業代は賞与に含まれているという理由で残業代の支払いに応じないというケースでは「未払い分の残業代が支給された賞与に含まれているか」という内容が争点となることが予想されるため、申立書にその旨を記載して労働審判委員会に争点を早期に伝えて充実した話し合いを促すとともに、会社の言い分には理由がないことを裏付ける証拠として以前の分も含めた賞与明細書を準備します。さらに、賞与で支払う旨の定めがあるかを就業規則で確認する必要もあります。

　裁判所とは異なり、都道府県の労働局に対して、あっせんを申し立てる方法もあります。裁判所を使う手続とは異なり、無料で利用できます。話し合いがまとまる見込みがある場合には利用するメリットがあります。話し合いがまとまらない場合には別途裁判所を利用した手続を使って解決を図る必要があります。

請求書

　私は当社の従業員として、令和3年8月におきまして法定外時間外労働を70時間行いました。しかし、上記法定外時間外労働についての残業代を○月分の給与支給日である同年○月○日から2か月経過した今でも頂いておりません。

　つきましては、労働基準法に則り、上記法定外時間外労働に対する手当をお支払頂きますよう通知致します。

記

法定外時間外労働についての残業代

時間単位1200円×60時間×1.25＝

9万円

法定外時間外労働かつ深夜労働についての残業代

時間単位1200円×10時間×1.5＝1万8000円

合計10万8000円

　令和○年○月○日
　　　　東京都○○区○○1丁目2番3号
　　　　　　　　　　○○○○　　印

　　　東京都○○区○○3丁目4番5号
　　　　　　○○株式会社
　　　　　代表取締役　○○○○殿

書式 残業手当支払請求（支払督促申立書）

支払督促申立書

残業手当 　請求事件
当事者の表示　　　　　別紙当事者目録記載のとおり
請求の趣旨及び原因　　別紙請求の趣旨及原因記載のとおり

「債務者　　は、　　　　　　　債権者に対し、請求の趣旨記載の金額を支払え」
との支払督促を求める。

申立手続費用　　金　　　　　　　3,583　円
内　　訳
　　申立手数料（印紙）　　　　　　　1,000　円
　　支払督促正本送達費用（郵便切手）　1,099　円
　　支払督促発付通知費用　　　　　　　84　円
　　申立書作成及び提出費用　　　　　　800　円
　　資格証明手数料　　　　　　　　　　600　円

令和 ◯ 年 ◯ 月 ◯ 日
住　　　所：〒000-0000
（所在地）　**東京都◯◯区◯◯1丁目1番1号**
債権者氏名：
（名称及び代表者の　**甲山広子** 印
資格・氏名）

　　（電話：**03-0000-0000**　　　　　）
　　（FAX：**03-0000-0000**　　　　　）

東京　簡易裁判所　裁判所書記官　殿

価額　　　　　136,710　円
貼用印紙　　　　1,000　円
郵便切手　　　　1,183　円
葉書　　　　　　　1　枚
添付書類　□資格証明書　　　1　通
　　　　　□　　　　　　　　　通
　　　　　□　　　　　　　　　通

受付印	
貼用印紙	円
葉書	枚
郵便切手	円

116

当事者目録

<table>
<tr>
<td rowspan="2">債
権
者</td>
<td colspan="2">
住　　　所：〒000-0000
（ 所 在 地 ）　東京都○○区○○1丁目1番1号

氏　　　名：甲山広子
（名称及び代表者の
資格・氏名）

電　話：03-0000-0000
FAX：03-0000-0000
</td>
</tr>
<tr>
<td>送達場所等の届出</td>
<td>
　債権者に対する書類の送達は次の場所に宛ててください。
☑上記の債権者住所
□債権者の勤務先
　名　　称：
　所在地：〒

　電話：
　FAX：
□その他の場所（債権者との関係：　　　　　　　　　　）
　住所：〒

　電話：
　FAX：
　送達受取人：
</td>
</tr>
<tr>
<td>債
務
者</td>
<td colspan="2">
①住　　　所：〒000-0000
　（ 所 在 地 ）　東京都○○区○○2丁目2番2号

　氏　　　名：株式会社　乙川物産
　（名称及び代表者の
　資格・氏名）　代表者代表取締役　乙川次郎

　電　話：03-0000-0000
　FAX：03-0000-0000

②住　　　所：〒
　（ 所 在 地 ）

　氏　　　名：
　（名称及び代表者の
　資格・氏名）

　電　話：
　FAX：
</td>
</tr>
</table>

請求の趣旨及び原因

請求の趣旨

1　金　　　　　**136,710** 円
2　（☑上記金額、□上記金額の内金 **各賃金支払日の翌日** 円）に対する
　　（□支払督促送達日の翌日、~~令和　○　年　○　月　○　日~~
　　から完済まで、年　○　％の割合による遅延損害金

3　金　　　　　**3,583** 円（申立手続費用）

請求の原因

1　（1）契約日　　　令和　○　年　○　月　○　日

　　（2）契約内容　　①債務者を雇用主とする雇用契約
　　　　　　　　　　　②賃金
　　　　　　　　　　　基本給　　月額　200,000円
　　　　　　　　　　　通勤手当　月額　7,900円（全従業員一律の金額）
　　　　　　　　　　　③支払期限　毎月20日締め、25日支払い

2　原告は、被告が経営する株式会社乙川物産に勤務する従業員であるが、
　　被告は、時間外勤務に対して手当を一切支給していない。

3　労働基準法37条の規定により実際に行った残業手当を計算すると、
　　原告が令和○年○月から○月までに行った法定内時間外労働45時間
　　及び法定外時間外労働45時間につき、下記のとおり金136,710円となる。

　　（1）法定内時間外労働に対する残業手当
　　　　　①　算定基礎賃金（月額）　　本給200,000円＋通勤手当（全従業員一律）
　　　　　　　　　　　　　　　　　　　7,900円＝207,900円
　　　　　②　年間所定労働日数　　　　264日
　　　　　③　1日所定労働時間数　　　7時間
　　　　　④　残業手当単価　　　　　　①×12か月÷264日÷7時間＝1,350円
　　　　　⑤　残業手当の額　　　　　　④×45時間＝60,750円

　　（2）法定外時間外労働に対する残業手当
　　　　　⑥　残業手当単価　　　　　　④×125％＝1,688円
　　　　　⑦　残業手当の額　　　　　　⑥×45時間＝75,960円

　　（3）残業手当の合計額　　　　　　⑤＋⑦＝136,710円

訴 状

事件名　　**残業手当 請求事件**

☑少額訴訟による審理及び裁判を求めます。本年，この裁判所において少額訴訟による審理及び裁判を求めるのは　**1**　回目です。

　　　　　　　　　　　　　　　東京 簡易裁判所　御 中　　　　令和 ○ 年 ○ 月 ○ 日

原告（申立人）	〒 000－0000 住　所（所在地）　**東京都○○区○○町1丁目1番1号** 氏　名（会社名・代表者名） 　　　　**甲 山 広 子** ㊞ TEL 03 － 0000 － 0000　　FAX 03－ 0000 － 0000	
	送達場所等の届出	原告（申立人）に対する書類の送達は，次の場所に宛てて行ってください。 ☑上記住所等 □勤務先　名　称 　　　　　　〒 　　　　　　住　所 　　　　　　　　　　　TEL　　　－　　　　－ □その他の場所（原告等との関係　　　　　　　　　　　　　） 　　　　　　〒 　　　　　　住　所 　　　　　　　　　　　TEL　　　－　　　　－ □原告（申立人）に対する書類の送達は，次の人に宛てて行ってください。 　　氏　名
被告（相手方）1	〒 000－0000 住　所（所在地）　**東京都○○区○○町2丁目2番2号** 氏　名（会社名・代表者名）　**株式会社乙川物産** 　　　　　　　　　　**代表者代表取締役　乙 川 次 郎** TEL 03－ 0000 － 0000　　FAX 03－ 0000 － 0000	
	勤務先の名称及び住所 　　　　　　　　　　　　TEL　　　－　　　　－	
被告（相手方）2	〒 住　所（所在地） 氏　名（会社名・代表者名） TEL　　－　　　　－　　　　FAX　　－　　　　－	
	勤務先の名称及び住所 　　　　　　　　　　　　TEL　　　－　　　　－	

訴訟物の価額		136,710 円	取扱者
貼 用 印 紙 額		2,000 円	
予 納 郵 便 切 手		5,200 円	
貼用印紙		裏面貼付のとおり	

請 求 の 趣 旨	1　被告は、原告に対して、次の金員を支払え。 　　　　金　　　　　　273,420　円 ☑上記金額の内金　　　　136,710 円（　　残業手当　）に対する 　　　{ □令和　　年　　月　　日 　　　　□訴状送達の日の翌日　　} から支払済みまで 　　　　☑各賃金支払期日の翌日 　　　　年　○　％　の割合による遅延損害金 ☑上記金額の内金　　　　136,710 円（　　付加金　）に対する 　　　{ □令和　　年　　月　　日 　　　　□訴状送達の日の翌日　　} から支払済みまで 　　　　☑本判決確定の日の翌日 　　　　年　○　％　の割合による遅延損害金 2　訴訟費用は、被告の負担とする。 との判決（☑及び仮執行の宣言）を求めます。
紛 争 の 要 点 （ 請 求 の 原 因 ）	1　原告は、被告に勤務する従業員であるが、被告は、時間外勤務に対して手当 　を一切支給していない。 2　労働基準法37条の規定に基づき、実際に行った残業手当を計算すると、原告 　が令和○年○月から○月までに行った法定内時間外労働45時間及び法定外 　時間外労働45時間につき、下記のとおり金136,710円となる。 (1)法定内時間外労働に対する残業手当 　①算定基礎賃金（月額）　　本給200,000円＋通勤手当（一律）7,900円 　　　　　　　　　　　　　　＝207,900円 　②年間所定労働日数　　　　264日 　③1日所定労働時間数　　　7時間 　④残業手当単価　　　　　　①×12か月÷264日÷7時間＝1,350円 　⑤残業手当の額　　　　　　④×45時間＝60,750円 (2)法定外時間外労働に対する残業手当 　⑥残業手当単価　　　　　　④×125％＝1,688円 　⑦残業手当の額　　　　　　⑥×45時間＝75,960円 (3)残業手当の合計額　　　　⑤＋⑦＝136,710円 3　よって、未払の残業手当金136,710円と同額の付加金136,710円の合計金 　273,420円及びそれぞれに係る遅延損害金を被告に請求するものである。
添 付 書 類	・労働契約書　　　　　　　・給与等支払明細書 ・業務日報の控え ・商業登記事項証明書

様式第1号（第4条関係）（表面）

あ っ せ ん 申 請 書

紛争当事者	労働者	ふりがな 氏名	甲野 太郎 こうの たろう		
		住所	〒○○○－○○○○ 東京都○○区○○丁目○番○号	電話	03（○○○○）○○○○
	事業主	ふりがな 氏名又は名称	株式会社メディア　代表取締役　丙山 次郎 へいやま じろう		
		住所	〒○○○－○○○○ 東京都□□区□丁目□番□号○○ビル○階	電話	03（○○○○）○○○○
		※上記労働者に係る事業場の名称及び所在地	〒	電話	（　）

あっせんを求める事項及びその理由	平成31年4月1日にカメラマンとして入社したが、令和2年10月からは人件費節減の要請から映像編集の仕事も行うようになり、ほぼ毎日4時間近い残業を強いられていた。 　就業規則には労働基準法と同様の割増賃金の支払いが定められているが、相手方は残業代の支払いをしていない。 　令和2年10月から請求前月までの残業代の支払いを請求したい。
紛争の経過	給与に残業代が含まれていないことについて、令和2年11月以降、相手方の経理担当者に再三問い合わせをしている（令和2年11月30日、同年12月3日、令和3年1月30日、同年3月10日）。しかし、相手方は全く取り合おうとしないまま、現在に至っている。
その他参考となる事項	訴訟は提起していない。また、他の救済機関の利用もしていない。なお、会社には労働組合がない。

令和3年 4 月 1 日

申請人　氏名又は名称　　　甲野 太郎　　㊞

東京 労働局長　殿

労働審判手続申立書

令和３年８月１日

東京地方裁判所　民事部　御中

〒○○○－○○○○　東京都○○区○○丁目○番○号
　　　　　　申　立　人　　甲　野　太　郎　㊞
　　　　　　　電話　０３－○○○○－○○○○
　　　　　　　ＦＡＸ０３－○○○○－○○○○

〒○○○－○○○○　東京都□□区□丁目□番□号○○ビル○階
　　　　　　相　手　方　　株式会社メディア
　　　　　　同代表者代表取締役　　丙　山　次　郎
　　　　　　　電話　０３－○○○○－○○○○
　　　　　　　ＦＡＸ０３－○○○○－○○○○

残業代請求労働審判事件
労働審判を求める事項の価額　　金138万2535円
ちょう用印紙額　　　　　　　　6000円

第1　申立ての趣旨
　1　相手方は、申立人に対し、金138万2535円及びこれらに対
　　する各支払期日の翌日から支払い済みまで年３％の割合に
　　よる金員を支払え。
　2　相手方は、申立人に対し、金138万2535円及びこれに対す
　　る本審判確定の日の翌日から支払い済みまで年３％の割合
　　による金員を支払え。
　3　申立費用は相手方の負担とする。
との労働審判を求める。

第2　申立ての理由
1　当事者
(1)　相手方は、テレビ番組の番組制作会社で、従業員数は15名である。
(2)　申立人は、平成31年4月1日にカメラマンとして入社し、番組制作のカメラマンの仕事をほぼ一人でこなしていた。映像編集の社員が辞職した令和2年10月以降は、人件費節減の要請もあって代役を雇っていないことから、映像編集の仕事も行うようになり、ほぼ毎日長時間にわたる残業を強いられている。
　　　申立人の給与は、基本給24万円である。なお、給与は月末締め翌月末払いである。
【甲1（雇用契約書）、甲2（給与明細書）、甲3（就業規則）】
2　労働時間、残業代の定めと残業代の支払い
(1)　申立人の所定労働時間は、就業規則によると1日8時間かつ1週40時間であり、1週につき休日が2日とされている。また、年末年始の5日間は休日とされている。
(2)　残業代については、就業規則に労働基準法と同様の割合による割増賃金を支払うことが定められている。
(3)　しかし、相手方は令和2年10月以降の残業代の支払いを一切していない。
3　残業代の計算
(1)　基礎賃金
　①基本給与は24万円である。
　②申立人の所定労働日数は、就業規則によると年間246日とされている。1日の所定労働時間が8時間なので、246×8によって年間所定労働時間は1968時間となり、1968÷12によって1か月当たりの所定労働時間は164時間となる。
　③したがって、残業代算出の基礎賃金は24万円÷164時間＝1463円となる。

(2) 残業実績

　相手方による勤務時間管理はタイムカードで行っている。令和2年10月から令和3年6月までの残業実績は、申立人のタイムカードから毎月80時間である。なお、法定休日や深夜の残業実績はなかった。

【甲4（タイムカード）】

(3) 計算

　前記のとおり、毎月80時間の残業実績が9か月に及んでおり、1日の労働時間が8時間なので、残業実績のすべてが時間外労働にあたる。したがって、①60×9×1463×1.25（時間外割増）＝98万7525円、②（80－60）×9×1463円×1.5（月60時間超の時間外割増）＝39万5010円となるから、申立人に支払われるべき残業代は、①と②を合計した138万2535円となる。

(4) 付加金の請求

　申立人は毎月80時間にわたる時間外労働をしているが、相手方は全く時間外労働についての割増賃金を支払おうとしない。相手方は「残業代については賞与に含まれている」と説明しているが、令和2年12月末と令和3年6月末に受け取った賞与の額は、以前の賞与の額と変更がなく、時間外労働を賞与に反映させているとは言い難い。

　このような相手方の行為は極めて悪質といえるので、付加金の請求も認められるべきである。

第3　予想される争点及び争点に関連する重要な事実
　1　本件の争点は、残業代が支払われたか否かである。
　2　残業代支払いの存否

　残業代について相手方は、「賞与に含まれている」と主張するものと思われる。しかし、残業がなかった時期の賞与の額と長時間の残業が発生して以降の賞与の額に変更がなく、その間就業規則の変更もなかったことから相手方の主張には

理由がない。

　また、相手方には、この業界では、残業代が支払われないのが当然であるとの認識があるため、そのような主張がなされる可能性もある。しかし、当然ながら労働者の権利は業界の動向如何と関係がない。そもそも別部署の担当がいなくなって後任も探そうとせず、別の人間に長時間の残業を押し付けること自体不当な処遇といえ、申立人の苦痛や過労は大変なものである。それにもかかわらず、残業代すら支払おうとしない姿勢は極めて悪質である。

第4　申立てに至る経緯の概要
　申立人は令和2年11月末以降、給与に残業代が含まれていないことについて、相手方の経理担当者に再三問い合わせをしている。しかし、相手方は全く取り合おうとせず、現在に至っている。そのため、弁護士に相談をした結果、労働審判を勧められた。

【甲5（申立人の陳述書）】

証拠方法

甲1号証　（雇用契約書）
甲2号証　（給与明細書）
甲3号証　（就業規則）
甲4号証　（タイムカード）
甲5号証　（申立人の陳述書）

附属書類

1　申立書写し　　　　　　　　　　4通
2　甲1から5号証までの写し　　　各2通
3　証拠説明書　　　　　　　　　　2通
4　資格証明書　　　　　　　　　　1通

申立人　甲野　太郎
相手方　株式会社メディア

令和3年8月1日

証拠説明書

東京地方裁判所
労働審判委員会　御中

申立人　甲野　太郎　㊞

号証	標　目 （原本・写しの別）		作　成 年月日	作成者	立　証　趣　旨	備考
甲1	雇用契約書	原本	H31.4.1	相手方及び申立人	申立人と相手方との間に平成31年4月1日に雇用契約が交わされたこと及び労働条件	
甲2	給与明細書	原本	R2.11末〜 R3.7月末	相手方	申立人の基本給が24万円であり、残業代が支払われていないこと	
甲3	就業規則	写し	H30.10.1	相手方	申立人の所定労働時間と休日、割増賃金の支払いの定めがある事実	
甲4	タイムカード	写し	R2.10〜 R3.6	申立人	残業実績	
甲5	申立人の陳述書	原本	R3.7.31	申立人	本件申立ての経緯など	

3 名ばかり管理職が会社に残業代の支払いを求める

実質的な管理監督者でないことを示す必要がある

管理監督者といえるかどうか

　一般に、管理職とは係長や課長、部長などの役職名のついた人と認識されています。役職がつくと、基本給の等級が上がる他、「管理職手当」などの名目で手当が支給されるようになるなど、賃金面で一般の労働者よりも厚遇されるようになりますが、その代わりに残業代が支払われなくなるという扱いになる企業が多いようです。これは、労働基準法41条の「監督もしくは管理の地位にある者は労働時間や休憩・休日に関する規定から除外する」という規定が根拠となっています。

　しかし、本来、**管理監督者**とは、①経営者と一体的な立場で会社の経営や人事、資産運用などの重要事項について決定権を持っているなど、大きな権限を有していること、②出退勤時間や休憩時間、休日などについて会社から拘束されていないこと、③相応の賃金を支給されているなど地位にふさわしい待遇であること、といった要件を満たす者をいいます。したがって、たとえその人が会社で「管理職」と呼ばれる役職についていたとしても、管理監督者ではない名ばかりの管理職と判断されれば残業代を請求することができます。

「管理者性」が裁判で争われた例もある

　たとえば、社員を昇格させ「係長」という名で、管理職者として、割増賃金の支給対象者から除外しても、実態は一般の社員と変わらないような場合、就業規則を改め、当該社員に割増賃金を支払う必要があります。裁判で争われたケースのひとつとして、日本マクドナルドの直営店の店長という立場が、残業代が支払われない管理職にあたる

のかどうか争われた訴訟があり、この訴訟では店長は管理職にはあたらないという判断がなされています（東京地裁平成20年1月28日）。

　この判決を受けて、平成20年9月、チェーン展開する小売業・飲食店などの管理監督者に関する具体的な判断基準を整理した「行政通達」が出されました。その結果、労働基準監督署が、小売業・飲食店などの店長職については是正勧告を行うなど、踏み込んだ指導を行うケースが増えています。

┃考えられる法的手段と書類作成の注意点

　管理職であることを理由に、未払い残業代についての支払要求に応じてもらえない場合は、法的な措置を検討します。労働審判の申立てを行う場合、申立書の「申立ての趣旨」部分にはまず、未払い分の残業代の支払いを求める旨を記載します。また、審判確定日の翌日から支払い済みまでの期間に対する付加金の支払もあわせて要求します。

　申立書内の「申立ての理由」部分には、たとえば申立人が店長を任されて以降、連日のように長時間の残業（具体的な数値を明記）を行っていた事実や、会社側から管理監督者であるという理由で残業代が支払われなかったことを主張します。未払いとなっている残業実績を示すため、給与明細書に加え、タイムカードなどの勤怠状況を把握できる証拠を用意します。会社からは「管理監督者に該当するから残業代を支払う義務はない」という反論がなされることが予想されます。ですから、「予想される争点」の部分で、任された店長職が「名ばかり管理職」であることを示すため、雇用契約書により、正社員ではなくアルバイトであることを明示した上で、業務日報や会議録などを用いて管理監督者が有するはずの重要な職務や権限を与えられていないこと、労働時間の拘束を受けていたこと、待遇が管理監督者にふさわしいものとはいえないことを記載しておくとよいでしょう。

様式第1号（第4条関係）（表面）

あ っ せ ん 申 請 書

紛争当事者	労働者	ふりがな 氏名	ななせ たつあき 七瀬 達昭			
		住所	〒○○○-○○○○ 東京都○○区○○丁目○番○号		電話	03（○○○○）○○○○
	事業主	氏名又は名称	株式会社24時 代表取締役 にじゅうよじ 花岡 太郎 はなおか たろう			
		住所	〒○○○-○○○○ 東京都□□区□丁目□番□号○○ビル□階		電話	03（○○○○）○○○○
		※上記労働者に係る事業場の名称及び所在地	株式会社24時 ○○支店 にじゅうよじ ○○してん 〒○○○-○○○○ 東京都△△区△丁目△番△号○○ビル△階		電話	03（○○○○）○○○○

あっせんを求める事項及びその理由	令和2年12月より○○支店で勤務するようになり、令和3年2月1日には同店店長を任されるようになった。店長という名目で1日14時間程度の拘束を強要されていたが、その間の給与には残業代も深夜帯勤務の割増も反映されていない。店長という肩書きがあるとはいえ、私の身分は時給換算のアルバイトのままであり、人員配置や店の営業権についての権限も有していない。このように、管理監督者に該当するような条件が揃っていないのにもかかわらず、残業代が支払われないことについて納得ができない。令和3年2月から令和3年6月末日までの通常残業代と深夜残業代の支払いを請求したい。
紛争の経過	令和3年2月に店長になって以降の給与が、店長になる前より下がっていることから、相手方に対し「おかしいのではないか」と主張した。しかし、相手方は「おまえが店長になって売り上げが下がっているのだから当然だ」「管理職なのだから残業代を支払う必要はない」等と返答するのみである。状況が変わらない中、弁護士に相談した上で、あっせんに申し立てることにした。
その他参考となる事項	訴訟は提起していない。他の救済機関も利用していない。会社に労働組合はない。弁護士に相談しており、あっせんが合意に至らない場合には、さまざまな法的手段を行うことも検討している。

令和3年 8月 1日

申請人　氏名又は名称　　七瀬 達昭　　㊞

東京 労働局長　殿

労働審判手続申立書

令和３年10月１日

東京地方裁判所　民事部　御中

〒○○○－○○○○　東京都○○区○○丁目○番○号
　　　　　　　　申　立　人　　七　瀬　達　昭　　㊞
　　　　　　　　　電話０３　－○○○○－○○○○
　　　　　　　　　ＦＡＸ０３－○○○○－○○○○

〒○○○－○○○○　東京都□□区□丁目□番□号○○ビル○階
　　　　　　　　相　手　方　　　　株式会社　24時
　　　　　　　　同代表者代表取締役　　花　岡　太　郎
　　　　　　　　　電話　０３－○○○○－○○○○
　　　　　　　　　ＦＡＸ０３－○○○○－○○○○

残業代支払請求労働審判事件
労働審判を求める事項の価額　　金103万3500円
ちょう用印紙額　　　　　　　　5500円

第１　申立ての趣旨
　１　相手方は申立人に対し、金103万3500円及びこれらに対す
　　る各支払期日の翌日から支払い済みまで年３％の割合によ
　　る金員を支払え。
　２　相手方は、申立人に対して金103万3500円及びこれに対す
　　る本審判確定の日の翌日から支払い済みまで年３％の割合
　　による金員を支払え。
　３　申立費用は相手方の負担とする。
との労働審判を求める。

第２　申立ての理由
　１　当事者
　　相手方はコンビニエンスストアを経営している会社である。

申立人は令和２年12月、相手方にアルバイトとして同社の経営するコンビニエンスストアで勤務するようになった（○○支店）。時給は1100円となっていた。

２　店長職と残業

⑴　申立人は令和２年12月に○○支店で勤務するようになったが、令和３年２月１日には同店店長を任されるようになった。時給は1300円となった。なお、給与支払いは月末締め翌月末払いである。

　【甲１（雇用契約書）甲２（給与明細書）甲３（就業規則）】

⑵　○○支店は24時間営業であるが、従業員が申立人を含めて５名しかおらず、申立人は店長であるという名目でほぼ毎日の出勤を強要されていた。その間、申立人の給与には残業代も深夜帯の割増も反映されていなかった。

⑶　申立人の残業代等請求に対し、相手方は「店長なのだから管理職であり、管理職は労働基準法で定める管理監督者にあたるから、残業代等を支払う必要はない」と返答している。

⑷　しかし、申立人の身分は正社員ですらなく、時給換算のアルバイトであることに変わりはない。また、店長とはいっても人員配置や店の営業権について権限を有するわけでもなく、店長という肩書きがあるに過ぎない。以上から、申立人は管理監督者に該当せず、残業代等を請求できるものであることから、本申立てに至った。

⑸　残業代の計算

　a　○○支店の従業員の時間管理はタイムカードによってなされている。

　b　これによれば、令和３年２月から同年８月までにおける法定の時間外労働の総計は450時間、法定の休日労働の総計は150時間である。また、深夜帯の勤務は120時間である。なお、月60時間を超える法定の時間外労働はない。

　c　申立人の時給は、時間帯を問わず1300円である。

d　相手方の就業規則には、時間外・休日・深夜帯の割増
　　　賃金については、労働基準法と同じ定めがなされている。
　　e　以上より、申立人の残業代等の総計は、
　　　1300×1.25×450＝73万1250円（時間外労働）
　　　1300×1.35×150＝26万3250円（休日労働）
　　　1300×0.25×120＝3万9000円（深夜帯の勤務）
　　　合計して、103万3500円となる。
　(6)　付加金の請求
　　　申立人は、実態を見ると、店長としての権限を与えられて
　　いない。店長に就任後、業務量は激増し、ほぼ毎日の拘束を
　　強要されていたが、申立人の給与には残業代等が一切反映さ
　　れていない。
　　　このような相手方の行為は、管理監督者を悪用したものな
　　ので、未払いの残業代等とともに付加金の請求も認められる
　　べきである。

【甲4（タイムカード）】

第3　予想される争点及び争点に関連する重要な事実
　1　本件の争点は、申立人が労働基準法で定める管理監督者に
　あたるか否かである。
　2　管理監督者の条件
　　　相手方は申立人が管理監督者にあたるものと主張すると思わ
　れる。
　　　しかしながら、厚生労働省通達によると管理監督者の条件と
　して、「経営者と一体的な立場」、「出退勤の自由」、「地位にふ
　さわしい待遇」等があるところ、申立人の場合はこのいずれに
　も合致しない。
　　　申立人は、人員の配置についてある程度の裁量権を有する
　が、店舗の品揃えや納品等については全く裁量を有しない。し
　たがって、経営者と一体的な立場にあるとはいえない。
　　　また、申立人は「人がいないなら出ろ」との強制を相手方か
　ら受けている。したがって、出退勤の自由があるとも言えない。
　　　さらに、申立人の給与は、残業代等が一切反映されていない

状況であれば、時間単位で他のアルバイトの給与よりも低額になりかねず、地位にふさわしい待遇を受けているといえない。

以上から、申立人は管理監督者に該当しない。

第4　申立てに至る経緯の概要

　申立人は店長になって以降の給与が、時間単位で店長になる前より下がっているため、相手方に「おかしいのではないか」と主張した。しかし、相手方は「おまえが店長になって売上が下がっているから当然だ」、「管理職だから残業代等を支払う必要もない。文句があるならもっと働いて売上を増やせ」との主張を行うだけである。

　申立人は、令和3年8月に労働局のあっせんを受け、次いで弁護士を間に立てて交渉しようとしたが、相手方は一切応じようとせず、やむなく今回の申立てに至った。

【甲5（申立人の陳述書】

証拠方法

甲1号証　（雇用契約書）
甲2号証　（給与明細書）
甲3号証　（就業規則）
甲4号証　（タイムカード）
甲5号証　（申立人の陳述書）

附属書類

1	申立書写し	4通
2	甲1から5号証までの写し	各2通
3	証拠説明書	2通
4	資格証明書	1通

申立人　七瀬　達昭
相手方　株式会社２４時

令和３年10月１日

証拠説明書

東京地方裁判所
労働審判委員会　御中

申立人　七瀬　達昭　㊞

号証	標　目 （原本・写しの別）		作　成 年月日	作成者	立　証　趣　旨	備考
甲１	雇用契約書	原本	R２.12.1	相手方及び申立人	申立人と相手方との間に令和２年12月１日に雇用契約が交わされたこと、及び労働条件	
甲２	給与明細書	原本	R３.３ ～R３.９	相手方	令和３年２月以降の給与に残業代等が入っていないこと	
甲３	就業規則	写し	H31.４.１	相手方	残業規定と申立人の時給について	
甲４	タイムカード	写し	R３.２ ～R３.８	申立人	残業時間などについて	
甲５	申立人の陳述書	原本	R３.９.30	申立人	本件申立ての経緯など	

4 未払い賞与を請求する

通常は就業規則や給与規程に支給基準が定められている

賞与とはどのようなものか

　賞与とは、通常支払われる賃金とは異なる臨時の賃金のことです。多くの会社では、毎年決まった時季（夏季と冬季の年2回のところが多い）に従業員（労働者）に対して賞与を支給しています。しかし、賞与は必ず支給しなければならないものではありません。賞与を支給する会社では、就業規則などにそのことを定めているものです。

　就業規則、労働協約、労働契約などで賞与の支給時期や計算方法が定められている場合は、会社として労働者に賞与を支払うことが労働契約の内容になっていますから、労働者は会社に賞与を請求できます。

　どのような条件で賞与を支払うかは使用者が自由に決定できます。賞与の支給額は、その会社の業績や従業員の貢献度、勤務態度等によって変動する場合が多いようです。賞与は、過去の労働に対する報酬という意味合いがあるといわれています。したがって、査定対象期間の締切日が過ぎてから会社の業績や従業員の貢献度、勤務態度等を査定した上で金額を決める必要があり、通常、賞与の支給日は締切日より少し後になります。

　なお、「賞与はその査定対象期間の在籍者に支給する」と定めている会社では、労働者が支給日前に退職していていたとしても、査定対象期間に在職していた以上、賞与を支給する必要があります。

支給対象者をどのように決めればよいのか

　賞与を支給する際には、あらかじめ就業規則や社内規程に「冬季賞与は○月○日から○月○日までを、夏季賞与は○月○日から○月○日

までをそれぞれその算定対象期間とする」などのように対象となる勤務期間を定めておきます。この勤務期間が賞与を支給するための成績査定の査定対象期間となります。期間中の各人の勤務ぶりや出勤率を査定して、賞与の金額を決めることになります。

　賞与の支給対象者は、会社によってまちまちです。査定対象期間のうち8割以上出勤した者をその支給対象者とするといった会社もあります。就業規則や給与規程を確認してみてください。

考えられる法的手段と書類作成の注意点

　未払い賞与について、口頭での請求に対して応じてもらえない場合、法的な措置を検討します。書類を作成する際には、証拠となる資料をあわせて用意するとより効果的です。

　労働審判の申立てを行う場合、申立書の「申立ての趣旨」部分にはまず、未払い賞与の支払いを求める旨を記載します。

　申立書内の「申立ての理由」部分には、賞与の未払いがあることを示す事実や、会社側と争っている問題点を記載します。賞与の支給額は経営状況や労働者の業績に応じて変動するしくみをとる場合が多くあるため、まずは就業規則や給与規程を確認します。その上で、賞与の支給条件を満たすことを示す文書を用意しましょう。

■ 退職者への賞与の支給の有無 ……………………………………

査定対象期間　　　退職　　　Ⓑ賞与支給日
Ⓐ評価

※賞与の支給対象はどのタイミング（ⒶまたはⒷ）で在籍している
　社員とするか、明確に就業規則などで定めておく必要がある

様式第1号（第4条関係）（表面）

あ　っ　せ　ん　申　請　書

紛争当事者	労働者	ふりがな 氏名	たなか　じろう **田 中 次 郎**		
		住所	〒〇〇〇-〇〇〇〇 **東京都〇〇区〇〇丁目〇番〇号** 電話 03 (〇〇〇〇) 〇〇〇〇		
	事業主	ふりがな 氏名又は名称	おつつーりすと　　　　　　　　　おつかわ　いちろう **乙ツーリスト株式会社 代表取締役 乙川 一郎**		
		住所	〒〇〇〇-〇〇〇〇 **東京都□□区□丁目□番□号〇〇ビル□階** 電話 03 (〇〇〇〇) 〇〇〇〇		
		※上記労働者に係る事業場の名称及び所在地	〒 　　　　　　　　　　　　　　電話　（　　　）		
あっせんを求める事項及びその理由			平成30年9月1日に乙ツーリスト株式会社に入社後、同社の団体旅行事業部にて、団体旅行商品の企画、市場調査、新規顧客の開拓といった業務に携わっていた。令和元年6月及び12月の賞与は支給されたが、それ以降現在まで賞与を支給されていない。 　私としては、就業規則に定める賞与支給条件を満たしており、賞与が支給されないことに納得がいかない。令和2年6月及び12月ならびに令和3年6月に賞与として支給されるはずであった金117万円（26万円×1.5×3）の支払いを請求したい。		
紛争の経過			最初に賞与を支給されなかった令和2年6月以降、上司に4回（6月2日、同月18日、8月15日、同月23日）説明を求めたが、何の理由も説明せずに「不満があるのであればやめてもらって構わない」と返答された。そこで私は、令和3年5月に労働組合に加入し、事業主との間で賞与未払いについて団体交渉を行ってきた。 　しかし状況は一向に変わらないため、弁護士と相談の上、あっせんを申し立てることにした。		
その他参考となる事項			知り合いの労働問題に詳しい弁護士に相談し、あっせんが合意に至らない場合には、さまざまな法的手段も検討している。		

令和3年 9月 15日

申請人　氏名又は名称　　**田 中 次 郎**　　㊞

東京 労働局長　殿

労働審判手続申立書

令和3年11月15日

東京地方裁判所　民事部　御中

〒○○○-○○○○　東京都○○区○○丁目○番○号
　　　　　　　　　申　立　人　　　田　中　次　郎　㊞
　　　　　　　　　電話　　０３-○○○○-○○○○
　　　　　　　　　ＦＡＸ０３-○○○○-○○○○

〒○○○-○○○○　東京都□□区丁目□番□号○○ビル○階
　　　　　　　　　相　手　方　　　乙ツーリスト株式会社
　　　　　　　　　同代表者代表取締役　　　乙　川　一　郎
　　　　　　　　　電話　　０３-○○○○-○○○○
　　　　　　　　　ＦＡＸ０３-○○○○-○○○○

賞与支払請求労働審判事件
労働審判を求める事項の価額　　金117万円
ちょう用印紙額　　　　　　　　5500円

第1　申立ての趣旨
　1　相手方は、申立人に対し、金117万円及びこれらに対する各
　　支払期日の翌日から令和3年9月1日まで年3％、同月2日
　　から支払い済みまで年14.6％の割合による金員を支払え。
　2　申立費用は相手方の負担とする。
との労働審判を求める。

第2　申立ての理由
　1　当事者と雇用契約
　⑴　相手方は、運送・宿泊サービスの代理・媒介を業とする
　　株式会社である。
　⑵　申立人は、平成30年9月1日、相手方との間で、基本給
　　26万円という条件で期限の定めのない雇用契約を締結し、

団体旅行事業部の営業員として勤務していた。
(3)　申立人が相手方と交わした雇用契約書によると、基本給は
26万円、営業手当2万円で賞与については次のように規定
されている。
・賞与は年に2回、6月と12月に支給する。
・賞与の支給額の計算は、基本給×1.5とする。
・賞与の査定対象期間は、以下の通りである。
　6月支給の賞与　　前年の7月1日〜12月31日
　12月支給の賞与　その年の1月1日〜6月30日
・賞与は、支給日に在籍している社員に支給するものとする。
・査定対象期間の出勤日数が8割に満たない場合又は勤務
成績が著しく不良な場合には、その査定対象期間に相当
する賞与を支給しない。
【甲1（雇用契約書）、甲2（給与明細書）】
2　一方的な賞与未払いの事実
　相手方は、令和元年6月と12月の賞与を申立人に支給したが、
それ以降現在まで賞与を支払っていない。
3　賞与未払いの違法性
　申立人は、就業規則の定める賞与支給条件を満たしており、相
手方の申立人に対する本取扱いは、雇用契約に違反するものである。
　よって、申立人は、相手方に対し、令和2年6月、令和2年12
月、令和3年6月に賞与として支給されるはずであった金117万
円（26万円×1.5×3）の支払を求める。

第3　予想される争点及び争点に関連する重要な事実
　1　本件の争点は、相手方が賞与を支払わないことが、雇用契約
書に記載されている賞与を支給しない場合に該当するか否かで
ある。
　2　賞与不支給の該当性
　相手方は、賞与を支給しない理由を述べずに、事前に通知する
こともなく、一方的に賞与を支払う義務を怠っている。
　申立人と相手方との間で交わされた雇用契約によると、相手方
が申立人に賞与を支給しない場合は、申立人の査定対象期間の出

勤日数が8割に満たない場合か、若しくは勤務成績が著しく不良である場合に限られると考えられる。

　しかし、申立人にこうした事実がないことは、添付のタイムカード（甲3）と営業成績表（甲4）を見れば明らかである。

3　賞与未払いが契約違反であること

　したがって、相手方が行った賞与の不支給は、契約違反である。

【甲3（タイムカード）甲4（営業成績表）甲5（申立人の陳述書)】

第4　申立てに至る経緯の概要

　申立人は、相手方が最初に賞与を支給しなかった令和2年6月以降、相手方に対して理由を説明するよう求めてきたが、相手方は、何の理由も説明せずに「不満があるのであれば、やめてもらって構わない」と返答した。そこで、申立人は令和3年5月に労働組合に加入し、相手方との間で賞与の未払いについて団体交渉を行ってきた。

　しかし、状況が一向に変わらないため、申立人は、令和3年9月1日に自己都合により相手方を退職し、その後、未払い分の賞与に相当する117万円の支払いを求めてあっせんの申請をしたが、やはり状況が一向に変わらないため、本労働審判の申立てを行うに至った。

証拠方法

甲1号証　（雇用契約書）
甲2号証　（給与明細書）
甲3号証　（タイムカード）
甲4号証　（営業成績表）
甲5号証　（申立人の陳述書）

附属書類

1	申立書写し	4通
2	甲1から5号証までの写し	各2通
3	証拠説明書	2通
4	資格証明書	1通

申立人　田中　次郎
相手方　乙ツーリスト株式会社

令和3年11月15日

証拠説明書

東京地方裁判所
労働審判委員会　御中

申立人　田中　次郎　㊞

号証	標　目 （原本・写しの別）		作　成 年月日	作成者	立　証　趣　旨	備考
甲1	雇用契約書	原本	H30.9.1	相手方及び申立人	申立人と相手方との間に平成30年9月1日に雇用契約が交わされたこと及び労働条件	
甲2	給与明細書	原本	R2.1分〜 R3.6分	相手方	基本給が26万円だったこと。申立人の未払い賞与査定期間中の出勤日数が8割以上であること。	
甲3	タイムカード	写し	R2.1分〜 R3.6分	申立人	申立人の未払い賞与査定期間中の出勤日数が8割以上であること。	
甲4	営業成績表	原本	R2.1分〜 R3.6分	申立人	申立人の勤務成績が著しく不良ではないこと。	
甲5	申立人の陳述書	原本	R3.11.10	申立人	本件申立ての経緯など	

5 会社に退職金の支払いを求める

客観的な事実を記載した記録を残しておくこと

退職とは

　退職とは、従業員の立場から見た雇用契約の終了を意味します。死亡などの事故的要因によるもの、労働者からの申し出もしくは労使間の合意によって労働関係を終了させるもの、会社からの解雇によるものがあります。定年退職や契約社員の期間満了に伴う退職は、雇用契約締結時の労使間の合意による雇用契約の終了にあたります。自己都合退職は労働者からの申し出による退職です。会社の勧奨による退職は、勧奨を受け入れて退職の合意をしたのであれば労使間の合意による退職になります。

　「退職した労働者に対しては退職金が支払われる」と認識している人も多いかもしれませんが、実は退職金自体は法律によって支払いが義務付けられているものではありません。仮に退職金をまったく支払わない会社があったとしても、それが直ちに違法となるわけではありません。

　通常、退職金については就業規則や退職金規程で定められ、退職手当や退職慰労金名目で支払われるものとなっています。この場合の退職金は賃金としての性格を持ちますので、たとえば会社の資金繰りが悪化したからという理由で支払わないということはできません。

　支払時期については通常は就業規則や退職金規程で支払期間が定められています。定められていない場合には退職者の請求後7日間以内に支払わなければなりません（労働基準法23条1項）。支払方法については、就業規則や退職金規程において一括払いではなく年金形式での支払いを定めてもかまいません。

退職金の額についても通常は就業規則や退職金規程によって定められていて、具体的な金額は退職者の所属していた部署や地位、あるいは勤続年数などによって変わってきます。もっとも、懲戒解雇や論旨解雇などによる場合は額が減額されたり、あるいはまったく支払われなかったりすることがありますし、逆に希望退職者を募る場合に退職金を割増にするということも最近は増えてきています。

　なお、就業規則で定められていない場合でも慣行として退職金が支払われている会社や、過去に退職金を支払った実績などがあり、退職金を支払うことが雇用契約の内容になっていると評価できる場合には、退職者は退職金を請求することができます。この場合、会社が就業規則に規定がないことを理由に支払いを拒むことはできません。

考えられる法的手段と書類作成の注意点

　口頭による未払いの退職金についての支払要求に応じてもらえない場合は、次の段階として法的な措置を検討します。書類を作成する際には、証拠となる資料をあわせて用意するとより効果的です。

　支払督促申立書や訴状には、未払いの事実と請求の根拠である就業規則の規定などについて記載します。

　労働審判の申立てを行う場合、申立書の「申立ての趣旨」部分にはまず、未払い分の退職金の支払いを求める旨を記載します。

　申立書内の「申立ての理由」部分には、退職金が請求できる根拠、たとえば、就業規則内に退職金規程が設けられており、具体的な退職金の計算方法が明記されている場合には、就業規則、退職金規程の内容と、その計算方法に従って計算した退職金の金額を記載します。

　会社が、従業員の勤務態度に問題があり、退職金の不支給事由に該当するという理由で支払いを拒むことが予想されるケースでは、「予想される争点」部分に、自身には落ち度がなく、退職金不支給事由には該当しないことを記載しておくとよいでしょう。

通知書

　当方は、貴社の従業員として平成○○年○月○日から令和○年○月○○日まで４年間勤務しました。退職金については、貴社退職金規程に「勤続年数３年以上５年未満の者の退職については、退職手当として退職時の基本給の１か月分を支給する」と規定されており、当方の退職時の基本給は月額３０万円です。

　ところが、当方の退職にあたっては、勤続年数４年間にもかかわらず、全く退職金の支給がされませんでした。

　ついては、貴社退職金規程及び同僚の処遇に照らし、貴社には退職金を支給する職場慣行があるものと判断されるので、退職時における当方の給与１か月相当分金３０万円を請求致します。

　令和○年○月○日
　　　東京都○○区○○１丁目１番１号
　　　　　　　　　　○○○○　㊞
　　　東京都○○区○○２丁目２番２号
　　　株式会社○○物産
　　　代表者代表取締役　○○○○　殿

支払督促申立書

退職金　請求事件

当事者の表示　　　　　別紙当事者目録記載のとおり

請求の趣旨及び原因　　別紙請求の趣旨及び原因記載のとおり

　「債務者　　は、　　　　　　　債権者に対し、請求の趣旨記載の金額を支払え」
との支払督促を求める。

申立手続費用　　金　　　　4,083　円
内　　訳

　　申立手数料（印紙）　　　　　　　　　1,500　円
　　支払督促正本送達費用（郵便切手）　　1,099　円
　　支払督促発付通知費用　　　　　　　　　　84　円
　　申立書作成及び提出費用　　　　　　　　800　円
　　資格証明手数料　　　　　　　　　　　　600　円

令和　○　年　○　月　○　日

住　　　所：〒000-0000
（所在地）　　**東京都○○区○○1丁目1番1号**
債権者氏名：　**甲山広子**　㊞
（名称及び代表者の
資格・氏名）

　（電話：　**03-0000-0000**　　　　　）
　（FAX：　**03-0000-0000**　　　　　）

東京　簡易裁判所　裁判所書記官　殿

価額	300,000	円
貼用印紙	1,500	円
郵便切手	1,183	円
葉書	1	枚
添付書類　☑資格証明書	1	通
☐		通
☐		通

受付印

貼用印紙		円
葉書		枚
郵便切手		円

当事者目録

<table>
<tr><td rowspan="2">債権者</td><td colspan="2">住　　　所：〒000−0000
（所在地）　東京都○○区○○1丁目1番1号

氏　　　名：甲山広子
（名称及び代表者の
資格・氏名）

電話：03 - 0000 − 0000
FAX：03 - 0000 − 0000</td></tr>
<tr><td>送達場所等の届出</td><td>　債権者に対する書類の送達は次の場所に宛ててください。
☑上記の債権者住所
□債権者の勤務先
　名　称：
　所在地：〒

　電話：
　FAX：
□その他の場所（債権者との関係：　　　　　　　　　）
　住所：〒

　電話：
　FAX：
　送達受取人：</td></tr>
<tr><td>債務者</td><td colspan="2">①住　　　所：〒000−0000
（所在地）　東京都○○区○○2丁目2番2号

氏　　　名：株式会社　乙川物産
（名称及び代表者の　代表者代表取締役　乙川次郎
資格・氏名）
　電話：03 - 0000 − 0000
　FAX：03 - 0000 − 0000
②住　　　所：〒
（所在地）

氏　　　名：
（名称及び代表者の
資格・氏名）
　電話：
　FAX：</td></tr>
</table>

請求の趣旨及び原因

請求の趣旨

1　金　　　　　300,000 円
2　(☑上記金額、□上記金額の内金　　　　　　　　円)に対する
　　(□支払督促送達日の翌日、☑令和　○　年　○　月　○　日)
　　から完済まで、年　○　%の割合による遅延損害金

3　金　　　　　4,083 円（申立手続費用）

請求の原因

1　（1）労働契約日　　平成○○年　○　月　○　日

　　（2）勤務期間　　　平成○○年○月○日～令和○年○月○○日
　　　　　　　　　　　　（4年間）

　　（3）債務者の退職金規程（就業規則）
　　　　　「勤続年数3年以上5年未満の者の退職については、退職手当として
　　　　　退職時の基本給の1か月分を支給する」
　　　　　（債権者の退職時の基本給、月30万円）

2　退職日　　　　　　令和○　年　○　月　○　日

3

退職金	支払済みの額	残　額
300,000円 （基本給30万円 ×1か月分）	0円	300,000円

訴　　状

事件名　　**退職金** 請求事件

☑少額訴訟による審理及び裁判を求めます。本年，この裁判所において少額訴訟による審理
　及び裁判を求めるのは　　１回目です。

　　　　　　　　　　　　　　東京 簡易裁判所　御　中　　　　　令和 ○ 年 ○ 月 ○ 日

原告（申立人）	〒 000−0000 住　所(所在地)　**東京都○○区○○町１丁目１番１号** 氏　名(会社名・代表者名) 　　　　**甲山広子**　㊞ TEL 03 - 　0000　 - 　0000　　FAX 03 - 　0000　 - 　0000	
	送達場所等の届出	原告(申立人)に対する書類の送達は,次の場所に宛てて行ってください。 ☑上記住所等 □勤務先　名　称 　　　　　〒 　　　　　住　所 　　　　　　　　　　　TEL　　　−　　　　− □その他の場所(原告等との関係　　　　　　　　　　) 　　　　　〒 　　　　　住　所 　　　　　　　　　　　TEL　　　−　　　　− □原告(申立人)に対する書類の送達は,次の人に宛てて行ってください。 　氏　名
被告（相手方）1	〒 000−0000 住　所(所在地)　**東京都○○区○○町２丁目２番２号** 氏　名(会社名・代表者名)　　**株式会社乙川物産** 　　　　　　　　　　**代表者代表取締役　乙 川 次 郎** TEL 03 - 　0000　 - 　0000　　FAX 03- 　0000　 - 　0000	
	勤務先の名称及び住所 　　　　　　　　　　　TEL　　　−　　　　−	
被告（相手方）2	〒 住　所(所在地) 氏　名(会社名・代表者名) TEL　　−　　　　−　　　　　FAX　　−　　　　−	
	勤務先の名称及び住所 　　　　　　　　　　　TEL　　　−　　　　−	

		取扱者
訴訟物の価額	300,000円	
貼 用 印 紙 額	3,000円	
予納郵便切手	5,200円	
貼用印紙	裏面貼付のとおり	

請求の趣旨	1　被告は、原告に対して、次の金員を支払え。 　　　金　　　　　　**300,000**　円 　□上記金額　上記金額の内金　　　　　　　　　　　円に対する 　　　平成　　年　　月　　日から令和　　年　　月　　日まで 　　　　　　年　　　%　の割合による金員 　□上記金額　□上記金額の内金　　　　　　　　　円に対する 　　　平成　　年　　月　　日から支払済みまで 　　　　　　年　　　%　の割合による金員 　☑上記金額に対する　{ ☑令和　　年　月　　日 　　　　　　　　　　　　□訴状送達の日の翌日 } から支払済みまで 　　　　　　年　○　%　の割合による金員 2　訴訟費用は、被告の負担とする。 との判決（☑及び仮執行の宣言）を求めます。
紛争の要点（請求の原因）	1　原告は、乙川次郎が経営する被告に平成○○年○月○日から令和○年○月○日まで4年間勤務した。 2　退職金については、被告の退職金規程には「勤続年数3年以上5年未満の者の退職については、退職手当として退職時の基本給の1か月分を支給する」と規定されており、原告の退職時の基本給は月額30万円である。 3　ところが、原告の退職にあたっては、勤続年数4年間にもかかわらず、全く退職金の支給がされなかった。 4　ついては、被告の退職金規程に基づき、退職時における原告の給与1か月相当分金300,000円及びこれに係る遅延損害金について上記のとおり請求するものである。
添付書類	・労働契約書　　　・給与等支払明細書　　　・就業規則 ・退職金規程　　　・離職票 ・商業登記事項証明書

様式第1号（第4条関係）（表面）

あ　っ　せ　ん　申　請　書

<table>
<tr>
<td rowspan="6">紛
争
当
事
者</td>
<td rowspan="2">労
働
者</td>
<td>氏名
<small>ふりがな</small></td>
<td colspan="2"><small>むらやま　　しろう</small>
村山 士郎</td>
</tr>
<tr>
<td>住所</td>
<td colspan="2">〒○○○－○○○○
東京都○○区○○丁目○番○号　電話　03（○○○○）○○○○</td>
</tr>
<tr>
<td rowspan="2">事
業
主</td>
<td>氏名又は名称
<small>ふりがな</small></td>
<td colspan="2"><small>とっぷだうん</small>
株式会社トップダウン 代表者代表取締役 <small>はるやま　みゆき</small>
春山 美由紀</td>
</tr>
<tr>
<td>住所</td>
<td colspan="2">〒○○○－○○○○
東京都□□区□丁目□番□号　電話　03（○○○○）○○○○</td>
</tr>
<tr>
<td colspan="2">※上記労働者に係る事業場の名称及び所在地</td>
<td colspan="2">〒

電話　　（　　）</td>
</tr>
</table>

あっせんを求める 事項及びその理由	申立人は平成30年6月5日にアルバイトとして入社し、勤務態度を評価されたことで、令和元年8月16日には有期雇用の契約社員として雇用された。契約は半年契約で更新を繰り返していた。 　しかし、令和2年12月分より令和3年2月分までの賃金が支払われなかったため、これを理由として令和3年3月31日付で自主退職をしたが、退職金は支払われなかった。 　賃金が未払いの原因は業績不振とされているが、労務に対する代償とする賃金の支払いは会社側の義務であり、退職金の支払いについても退職規程に定めがある以上、支払う義務があるため、納得がいかない。 　したがって、未払賃金100万円及び未払退職金の支払いを請求したい。
紛争の経過	未払賃金と退職金の支払いを要求したものの、業績の悪化を理由として交渉に応じてもらえなかった。 　そのため東京労働局で相談を行い、労働局の介入により、未払賃金および退職金の支払いに合意する内容で承諾が得られた。しかし、合意書へのサイン直前に、社長の未承認が判明し、合意が引き伸ばされた。 　その後、一向に話が進展しないことから、このままでは解決が困難であると判断し、あっせんに申し立てることにした。
その他参考 となる事項	訴訟は提起しておらず、また、会社には労働組合はない。 　社会保険労務士に相談しており、あっせんが合意に至らない場合には、さまざまな法的手段を行うことも検討している。

令和3年 7月 2日

　　　　　　　　　　　申請人　氏名又は名称　　　村 山 士 郎　　㊞

東京 労働局長　殿

労働審判手続申立書

令和３年10月１日

東京地方裁判所　民事部　御中

〒○○○－○○○○　東京都○○区○○丁目○番○号
　　　　　　　　申　立　人　　村　山　士　郎　㊞
　　　　　　　　電話　０３－○○○○－○○○○
　　　　　　　　ＦＡＸ０３－○○○○－○○○○

〒○○○－○○○○　東京都□□区□丁目□番□号
　　　　　　　　相　手　方　　株式会社トップダウン
　　　　　　　　同代表者代表取締役　　春　山　美由紀
　　　　　　　　電話　０３－○○○○－○○○○
　　　　　　　　ＦＡＸ０３－○○○○－○○○○

退職金等請求労働審判事件
労働審判を求める事項の価額　　金125万円
ちょう用印紙額　　　　　　　　6000円

第１　申立ての趣旨
　１　相手方は、申立人に対し、金100万円及びこれらに対する
　　各支払期日の翌日から令和３年３月31日まで年３％、同年
　　４月１日から支払い済みまで年14.6％の割合による金員を支
　　払え。
　２　相手方は、申立人に対し、金25万円及びこれに対する令
　　和３年４月１日から支払い済みまで年３％の割合による金
　　員を支払え。
　３　申立費用は相手方の負担とする。
との労働審判を求める。
第２　申立ての理由
　１　雇用契約の成立

(1) 相手方は、印刷業を営む株式会社であり、従業員数は10名である。

(2) 申立人は、相手方に平成30年6月5日に雇われた。当初はアルバイトだったが、勤務態度もよく、令和元年8月16日には、フルタイム労働の契約社員として雇用された。その後、労働契約は半年ごとに更新されていた。

それからしばらく相手方に勤務したが、令和2年12月分から令和3年2月分までの賃金が支払われないため、令和3年3月31日に自主退職した。なお、令和3年3月分の賃金も支払われていない。

【甲1（雇用契約書)】

2 未払賃金・退職金の計算

(1) 未払賃金

申立人の給与は基本給25万円である。給与支払は月末締め翌月10日払いである。

相手方は、令和2年12月分から令和3年3月分までの4か月分の給与を支払っていない。また、割増賃金が発生する労働はしていない。

したがって、未払賃金は25万円×4か月＝100万円となる。

(2) 退職金

相手方の退職金規程（就業規則）によれば、申立人の退職金の額は、退職時の基本給1か月分となるから、金25万円である。また、退職金の支払期日は退職日とされている。

【甲2（就業規則)甲3（給与明細書）、甲4（タイムカード)】

3 未払賃金と退職金の支払い拒否

退職後、申立人は相手方に未払賃金と退職金の支払いを求めた。しかし、相手方は、業績が悪化したという理由で支払おうとしない。

4 したがって、申立人は、相手方に対し、①未払賃金100万円及びこれらに対する各支払期日の翌日から令和3年3月31日まで年3％、同年4月1日から支払い済みまでは年14.6％の割合による遅延損害金、並びに、②未払退職金25万円及びこれに対する令和3年4月1日から支払済みまで年3％の割合による遅延損害金の支払いを求める。

第3 予想される争点及び争点に関連する重要な事実
　1　本件の争点は、相手方の支払い拒否が認められるか否か
　　である。
　2　支払義務の有無
　　相手方は、業績が悪化したことを理由に支払いを拒否しているが、
　賃金の支払いは相手方の義務であり、また、退職金については、退
　職金規程に定めがあるので、支払いを拒否できることにはならない。

第4 申立てに至る経緯の概要
　申立人は、未払賃金と退職金の支払いを求め、相手方と数回交渉し
たが、相手方は業績悪化を主張するだけで、交渉に応じる気配がない。
そこで、東京労働局に相談したところ、労働局と相手方の担当者との
話し合いで、未払賃金と退職金の支払いに合意をする旨の承諾が得ら
れたが、合意書にサインする直前になり、社長の承認が得られていな
いことが判明し、合意が引き伸ばされた。その後、労働局長にあっせ
んを申し立てたが、これに応じる気配がない。そこで、申立人は、相
手方に未払賃金と退職金を求める本労働審判の申立てを行った。
　　　　　　　　　　　　　　　　　　　【甲5（申立人の陳述書）】

証拠方法
甲1号証　（雇用契約書）
甲2号証　（就業規則）
甲3号証　（給与明細書）
甲4号証　（タイムカード）
甲5号証　（申立人の陳述書）

附属書類
1　申立書写し　　　　　　　　　　　4通
2　甲1から5号証までの写し　　　　各2通
3　証拠説明書　　　　　　　　　　　2通
4　資格証明書　　　　　　　　　　　1通

申立人　村山　士郎
相手方　株式会社トップダウン

令和3年10月1日

証拠説明書

東京地方裁判所
労働審判委員会　御中

申立人　村山　士郎　㊞

号証	標　目 （原本・写しの別）		作 成 年月日	作成者	立　証　趣　旨	備考
甲1	雇用契約書	原本	H30.6.5	相手方 及び 申立人	申立人と相手方との間に平成20年6月10日に雇用契約が交わされたこと及び労働条件	
甲2	就業規則	写し	H28.4.1	相手方	退職金規程が記載されている事実	
甲3	給与明細書	原本	R2.12.10	相手方	最後に支払われ令和2年11月分の給料の明細から、基本給が月25万円であること	
甲4	タイムカード	写し	R2.12 〜R3.3	申立人	申立人が令和2年12月から令和3年3月末日まで勤務した事実	
甲5	申立人の 陳述書	原本	R3.9.30	申立人	本件申立ての経緯など	

就業規則の変更による賃金の減額、カットの無効を求める

同意なく行われたのかどうかを確認し証拠を用意する

就業規則を労働者にとって不利益に変更する場合

　経営状況の悪化などにより、会社が就業規則を変更する場合、労働組合または労働者代表の意見を聴く必要はあるのですが、労働者の同意を得る必要はありません。ただ、労働契約法は、就業規則の変更により労働条件を不利益に変更する場合には原則として労働者との合意が必要であることを定めています。もっとも、労働者の受ける不利益の程度、労働条件の変更の必要性、変更後の就業規則の内容の相当性などの事情から判断して合理的といえる場合には労働者の同意が得られなくても、就業規則を変更することで労働条件を不利益に変更することが認められています。口頭によるカット分の支払要求に応じてもらえない場合は、次の段階としてあっせんや労働審判を検討します。

　労働審判の申立てを行う場合、申立書の「申立ての趣旨」部分にはまず、カットされた期間分の賃金の支払いを求める旨を記載します。

　申立書内の「申立ての理由」部分には、カットされて支払われていない賃金の計算根拠、つまり雇用契約に基づいて本来支払われるべき賃金額を計算し、そのうち実際に支払われた金額がいくらか、を記載します。賃金カットに至るまでの経緯を具体的に記載し、カットされた金額がわかる給与明細書などを用意します。また、会社からは「就業規則の変更により賃金を減額したからカットされた賃金を支払う義務はない」という反論が予想されます。そこで「紛争の要点」部分に就業規則の変更による不利益の程度が大きいことや、変更の必要がないこと、不利益変更の際に労働者側の意見の聴取をしなかったこと等を証拠とともに記載するとよいでしょう。

様式第1号（第4条関係）（表面）

あっせん申請書

紛争当事者	労働者	ふりがな 氏名	うえの　さぶろう 上野 三郎	
		住所	〒○○○−○○○○ 東京都○○区○○丁目○番○号　電話　03（○○○○）○○○○	
	事業主	氏名又は名称	さいうんどう　　　　　　　　　　　　もりもと　ひろお 株式会社彩雲堂 代表取締役 森本 博雄	
		住所	〒○○○−○○○○ 東京都□□区□丁目□番□号○○ビル3階　電話　03（○○○○）○○○○	
		※上記労働者に係る事業場の名称及び所在地	〒 　　　　　　　　　　　　　　　電話　　　（　　　）	

あっせんを求める事項及びその理由	平成30年2月5日に入社し、令和3年1月末時点での給与は月24万円であった。相手方の経営状態は令和2年6月頃から悪化していたが、令和3年1月15日に相手方より「業績の悪化に耐えることができない。ついては2月分から全員の給与を5万円切り下げたい」という旨の申し出があった。労働者側は反対していたが、相手方は「我々の役員報酬も5万円引き下げるから了承して欲しい」と主張し、1月31日に一方的に就業規則を変更し、監督署に変更届を出した。 　そのため、2月分から5月分にかけては給与を19万円しか受け取っていない。切り下げられている5月分から8月分の給与5万円を合計した20万円を請求したい。
紛争の経過	相手方の申し出に対しては、数回に渡って話し合いをもった。私からは、「切り下げをするにしてももう少し方法は列にあるはずだ」と再三申し入れているが、相手方は取り合おうとしない。 　私としては、会社の状況を考えると給与の引き下げ自体があるのは仕方ないが、より多くの給与を受け取っている相手方代表と同じ額の切り下げというのは切り下げの幅として妥当なものとはいえないと考えている。
その他参考となる事項	訴訟は提起しておらず、また、他の救済機関も利用していない。会社に労働組合はない。

令和3年 6 月 1 日

　　　　　　　　申請人　氏名又は名称　　　上 野 三 郎　　㊞

東京 労働局長　殿

労働審判手続申立書

令和３年10月１日

東京地方裁判所　民事部　御中

〒○○○－○○○○　東京都○○区○○丁目○番○号
　　　　　　　　　　申　立　人　　　上　野　三　郎　　㊞
　　　　　　　　　　電話　０３－○○○○－○○○○
　　　　　　　　　　ＦＡＸ０３－○○○○－○○○○

〒○○○－○○○○　東京都□□区□丁目□番□号○○ビル３階
　　　　　　　　　　相　手　方　　　　株式会社　彩雲堂
　　　　　　　　　　同代表者代表取締役　　森　本　博　雄
　　　　　　　　　　電話　０３－○○○○－○○○○
　　　　　　　　　　ＦＡＸ０３－○○○○－○○○○

未払賃金請求労働審判事件
労働審判を求める事項の価額　　金35万円
ちょう用印紙額　　　　　　　　2000円

第１　申立ての趣旨
　１　相手方は申立人に対し、金35万円及びこれらに対する各支払
　　　日の翌日から支払い済みまで年３％の割合による金員を支払え。
　２　申立費用は相手方の負担とする。
との労働審判を求める。

第２　申立ての理由
　１　雇用契約の成立
　⑴　相手方は印鑑等の製造・販売をしている会社で、従業員
　　　は20名である。
　⑵　申立人は平成30年２月５日に相手方に入社し、令和３年
　　　１月末時点での給与は月24万円であった（月末締め翌月末

払い)。

　【甲1（雇用契約書）、甲2（給与明細書）、甲3（就業規則）】
　2　賃金の切り下げ
　　⑴　相手方の経営状態は令和2年6月頃から悪化しており、令
　　　和2年12月には3名が依願退職した。
　　⑵　それでも経営状態がよくならなかったことから、相手方は
　　　令和3年1月15日に「業績の悪化に耐えることができない。
　　　ついては2月分から全員の給与を5万円切り下げたい」とい
　　　う旨の申し出を行ってきた。

　　　　その後、数回に渡って話し合いをもったが、労働者側は
　　　「会社の状況を考えると給与の引き下げ自体があるのは仕方
　　　ないが、我々にしても高額で働いているわけではないのだし
　　　5万円もいきなり切り下げられると生活が大変になる」と
　　　反対していた。しかし、相手方からは「我々の役員報酬も
　　　5万円引き下げるから了承して欲しい」と主張し、1月31
　　　日には一方的に就業規則を変更し、監督署に変更届を出した。
　　⑶　そのため、2月分から8月分にかけて、申立人は19万円し
　　　か受け取っていない。
　　【甲4（賃金切り下げを巡る相手方説明書と労働者側回答書）】

第3　予想される争点及び争点に関連する重要な事実
　1　本件の争点は、労働者側の同意を得ずに行われた就業規則の
　　変更が合理的なものといえるかどうかである。
　2　就業規則変更の合理性
　　相手方は、今回の賃金切り下げは、会社経営上やむをえないも
　のであり、労働者の同意を得なくても切り下げができる合理的なも
　のであると主張すると考えられる。
　　確かに、相手方の経営状態が苦しくなっているのは、申立人そ
　の他労働者も理解しているところである。しかし、申立人の給与は
　24万円であり、これを19万円にされたのでは生活が苦しくなること
　は明白であり、申立人よりより多くの給与を受け取っている相手方
　代表と同じ額の切り下げは、切り下げの幅として妥当とはいえない。

そもそも経営状況が苦しくなったのは、景気の悪化によるところも大きいが、第一次的には相手方代表らの責任である。したがって、給与引き下げをするにしても、まずは相手方代表や家族役員がその負担をより大きく受けるべきであり、高額とはいえない申立人の給与を20％超にわたり切り下げる就業規則の変更は、到底合理的なものとはいえない。

　したがって、本件就業規則の変更は合理的なものとはいえず、労働者の同意の得られていない、本件就業規則の変更は無効である。

【甲５（申立人の陳述書）】

第４　申立てに至る経緯の概要

　申立人は、相手方に対して、上記の通り「切り下げをするにしてももう少し方法は別にあるはずだ」と再三申し入れた他、労働局長へのあっせんも申し立てたが、相手方は取り合おうとしない。

　以上から、本労働審判により、切り下げられている２月分から８月分の給与分（５万円×７か月）を合計した35万円、及び各支払日の翌日から支払い済みまで年３％の割合による金員の支払いを求める。

証拠方法

甲１号証　（雇用契約書）
甲２号証　（給与明細書）
甲３号証　（就業規則）
甲４号証　（賃金切り下げを巡る相手方説明書と労働者側回答書）
甲５号証　（申立人の陳述書）

附属書類

1	申立書写し	4通
2	甲１から５号証までの写し	各２通
3	証拠説明書	2通
4	資格証明書	1通

申立人　上野　三郎
相手方　株式会社彩雲堂

令和3年10月1日

証拠説明書

東京地方裁判所
労働審判委員会　御中

申立人　上野　三郎　㊞

号証	標　目 （原本・写しの別）		作成 年月日	作成者	立　証　趣　旨	備考
甲1	雇用契約書	原本	H30.2.5	相手方 及び申 立人	申立人と相手方との 間に平成30年2月5 日に雇用契約が交わ されたこと及び労働 条件	
甲2	給与明細書	原本	R3.2 〜R3.8	相手方	令和3年2月分以降 の給与が5万円切り 下げられていること	
甲3	就業規則	写し	R3.1.31	相手方	同意がないまま就業規 則が変更されたこと	
甲4	賃金切り下げ を巡る相手方 説明書と労働 者側回答書	原本	R3.8	相手方及 び労働者 代表	賃金切り下げの内容 と労働者が反対して いること	
甲5	申立人の 陳述書	原本	R3.9.30	申立人	本件申立ての経緯など	

第6章

退職勧奨・解雇・雇止めの
トラブルと解決法

会社に普通解雇の無効と賃金支払いを求める

撤回を求めるか精神的苦痛を受けた分の金銭賠償を求める

解雇とは

　労働者は就業する際に会社と雇用契約を結びます。この雇用契約を、会社側の主導で一方的に解消することを**解雇**といいます。解雇には、労働者側に原因がある場合と会社側に原因がある場合があります。

　労働者側に原因がある場合に行われる解雇として挙げられるのが、懲戒解雇です。**懲戒**とは、労働者の行為に職務怠慢や犯罪など重大な問題があった場合に、会社が労働者に科す罰則です。懲戒処分の種類には、訓告（労働者の将来を戒める厳重注意処分）・減給（一定期間賃金を減額すること）・降格（社内での階級や地位を下げること）・停職（一定期間自宅に謹慎させたり休職させること）・諭旨解雇（不祥事を起こした労働者に対して退職届や辞表を書かせて自ら退職させること）・懲戒解雇（犯罪や重大な経歴詐称を行った労働者を制裁として解雇すること）などがあります。また、懲戒事由には該当しないものの、勤務成績の不良、傷病による就労不能などのように就業規則等に規定された解雇事由に相当する行為があった場合には、**普通解雇**となります。一方、会社側に原因がある場合の解雇として挙げられるのが、**整理解雇**です。これは人員整理のことです。

　いずれの場合であっても、解雇は労働者に与える不利益が大きいことから、客観的に合理的な理由があり、社会通念上相当と認められる場合でなければ無効です。解雇が無効の場合には、会社と労働者との間の雇用契約は終了しませんので、雇用関係は継続したままになります。解雇が無効の場合、雇用関係は継続したままですので労働者は本来仕事をする義務があるのですが、会社が解雇を主張しているために

仕事を受け入れてもらえない状態になります。つまり、労働者は会社側の原因で仕事ができなくなります。この場合、労働者は民法に基づいて会社に対して賃金の支払いを請求することができます。

解雇の手続き

　解雇する正当な理由があり解雇自体は有効な場合であっても、会社が労働者を解雇する場合には労働基準法で定められた手続きに沿って解雇しなければなりません。具体的には、会社は労働者に対して、原則として30日前までに解雇の予告をすることが必要です。予告をしない場合には、原則としてその労働者の30日分以上の平均賃金（過去3か月間に会社がその労働者に支払った賃金の総額を、その期間の総日数で割った額のこと）を**解雇予告手当**として支払うことが必要です。

　ただ、大規模な地震や災害などやむを得ない事由で事業を継続できなくなった場合や、労働者が社内で横領や窃盗といった職場の規律を乱す行為を行った場合など労働者に原因がある事情で解雇する場合は、予告せずに解雇することが認められるケースもあります。

　なお、以下の場合には、会社は労働者を解雇することができません。
① 　労働者が業務上のケガや病気で休業している期間及び復帰後30日間（労働基準法19条）

■ **解雇予告日と解雇予告手当** ……………………………………………

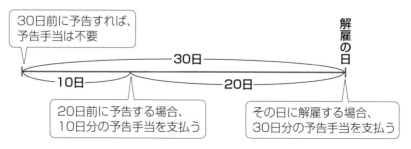

② 産前産後の女性が休業している期間及び復帰後30日間（労働基準法19条）

③ 労働者が労働基準法違反の事実を労働基準監督署や労働局に申告したことを理由とする解雇（労働基準法104条2項）

④ 労働者が労働組合の組合員であることや労働組合の正当な行為をしたことなどを理由とする解雇（労働組合法7条）

この他、男女雇用機会均等法や育児介護休業法、公益通報者保護法といった法律でも解雇を禁止する場合が規定されています。

考えられる法的手段と書類作成の注意点

解雇の効力自体を争うのか解雇予告手当の支払いのみを求めるのかによって、ふさわしい法的手段は異なってきます。

・内容証明郵便

解雇の効力自体を争う場合でも、解雇の効力自体は争わず解雇予告手当の支払いのみを求める場合であっても、使える方法です。解雇の効力自体を争う場合には、労働者としては解雇が無効と考えていて仕事をする意思があることと、法律に基づく賃金の支払いを求める旨を通知します。解雇の効力自体は争わず解雇予告手当の支払いのみを求める場合には、解雇予告手当の支払いを求める旨を通知します。

・支払督促

権利の内容が明確で争いになることが考えられないようなケースでは、支払督促を申し立てることを検討します。解雇の効力自体は争わず解雇予告手当の支払いのみを求める場合には有効な方法です。一方、解雇の効力自体を争う場合には会社側が異議を申し立てる可能性が高いので、労働審判または通常訴訟を検討した方がよいでしょう。

・少額訴訟

解雇の効力自体は争わず解雇予告手当の支払いのみを求める場合には有効な方法です。訴状には、「請求の趣旨」欄に請求する解雇予告

手当の支払いを求める旨を記載します。「紛争の要点」欄に、雇用契約の内容、解雇予告手当の計算方法及び金額などを記載します。裁判は、裁判を起こされる側（被告）の所在地（会社の事業場の所在地）を管轄する簡易裁判所に申し立てるのが原則ですが、解雇予告手当の支払いなどお金の支払いを請求する裁判の場合には、裁判を起こす側（原告）の住所地を管轄する簡易裁判所にも申し立てることができます。解雇の効力自体を争う場合には、1回の期日で審理が終了する見込みが乏しく少額訴訟にはなじまないので、労働審判または通常訴訟を利用するのがよいでしょう。

・**労働審判**

　話し合いがまとまらない場合にも実情をふまえた結論（労働審判）を示します。労働審判の結論に不服があれば通常の裁判に移行することもできます。解雇の効力自体を争う労働審判の申立てを行う場合、申立書の「申立ての趣旨」部分には、自分が引き続き会社の従業員の地位にあることの確認と、会社側が解雇を告げてから支払わなかった期間の賃金の支払いを求める旨を記載します。

　申立書の「申立ての理由」部分には、雇用契約の内容、会社側から告げられた解雇の理由と、会社の主張と異なり解雇に正当な理由がないことを明示します。たとえば、会社が販売部員として勤務していた労働者の勤務成績や勤務状況の不良を理由に解雇したというケースであれば、申立人となる労働者の行為が解雇事由に該当するかが争点となることが予想されます。そのため、申立書の「予想される争点」部分に、雇用契約書や就業規則ではどのような場合が解雇事由として定められているかを記載し、その上で、申立人の勤務態度や業務改善指導の有無、販売成績などの実績を示す販売成績表、給与明細書などの文書を用意して、申立人の行為は解雇事由にあたらないこと、あるいは仮に解雇事由には該当するとしても解雇は重すぎて相当とはいえないことを記載しましょう。

通知書

　私は、令和○年○月○日から令和○年○月○日まで約1年間、貴社の○○スーパー板橋店にレジ係として勤務しました。当初、1か月間のパート労働者として勤務をはじめましたが、その後毎月労働契約の更新を行って、後記理由により解雇されるまで勤務したものです。勤務時間は午前10時から午後4時まで（うち昼休み1時間）、出勤日数は正規職員と同程度の月平均23日は出勤していました。

　ところが、令和○年○月○日、貴社代表者に呼ばれ、突然「今月をもって解雇する」との宣告を一方的に言い渡されました。私は、解雇予告は少なくとも30日前に行われるはずであり、30日前に予告をしない場合は解雇予告手当が支払われなければならないはずとの主張をしましたが、貴社代表者は全く取り合われませんでした。

　つきましては、後記計算に基づく当該解雇予告手当金101,250円の支払を請求致します。

＜差出年月日、差出人・相手方の住所・氏名については省略＞

支払督促申立書

　　解雇予告手当 請求事件
当事者の表示　　　　　別紙当事者目録記載のとおり
請求の趣旨及び原因　　別紙請求の趣旨及び原因記載のとおり

　「債務者　　は、　　　　　　債権者に対し、請求の趣旨記載の金額を支払え」
との支払督促を求める。

申立手続費用　　金　　　　　　　3,583　円
内　　訳
　　申立手数料（印紙）　　　　　　　　1,000　円
　　支払督促正本送達費用（郵便切手）　1,099　円
　　支払督促発付通知費用　　　　　　　　 84　円
　　申立書作成及び提出費用　　　　　　　800　円
　　資格証明手数料　　　　　　　　　　　600　円

令和　○　年　○　月　○　日
住　　　所：〒000-0000
（所在地）　　東京都○○区○○1丁目1番1号
債権者氏名：　甲山広子　㊞
（名称及び代表者の
資格・氏名）

　　（電　話：03-0000-0000　　　　　　）
　　（FAX：03-0000-0000　　　　　　）

　東京　簡易裁判所　裁判所書記官　殿

価額　　　　　　101,250　円	受付印
貼用印紙　　　　　1,000　円	
郵便切手　　　　　1,183　円	
葉書　　　　　　　　　1　枚	
添付書類　☑資格証明書　　　1　通	
☐　　　　　　　　通	
☐　　　　　　　　通	

貼用印紙	円	
葉書	枚	
郵便切手	円	

当事者目録

<table>
<tr><td rowspan="2">債権者</td><td>住　　　所：〒000-0000
（所 在 地）　東京都○○区○○１丁目１番１号

氏　　　名：甲山広子
（名称及び代表者の
資格・氏名）

電　話：03 - 0000 - 0000
FAX：03 - 0000 - 0000</td></tr>
<tr><td>送達場所等の届出

　　債権者に対する書類の送達は次の場所に宛ててください。
☑上記の債権者住所
□債権者の勤務先
　名　　称：
　所在地：〒

　電話：
　ＦＡＸ：
□その他の場所（債権者との関係：　　　　　　　　　　　　）
　住所：〒

　電話：
　ＦＡＸ：
　送達受取人：</td></tr>
<tr><td rowspan="1">債務者</td><td>①住　　　所：〒000-0000
（所 在 地）　東京都○○区○○２丁目２番２号

氏　　　名：株式会社乙川スーパー
（名称及び代表者の
資格・氏名）　代表者代表取締役　乙川次郎

電　話：03 - 0000 - 0000
FAX：03 - 0000 - 0000
②住　　　所：〒
（所 在 地）

氏　　　名：
（名称及び代表者の
資格・氏名）

電　話：
FAX：</td></tr>
</table>

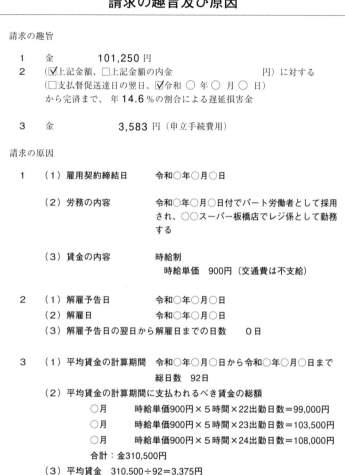

請求の趣旨及び原因

請求の趣旨

1　金　　　　**101,250** 円

2　（☑上記金額、□上記金額の内金　　　　　　　　　　　円）に対する
　（□支払督促送達日の翌日、☑令和 ○ 年 ○ 月 ○ 日）
　から完済まで、年 **14.6** ％の割合による遅延損害金

3　金　　　　　　**3,583** 円（申立手続費用）

請求の原因

1　（1）雇用契約締結日　　　令和○年○月○日

　　（2）労務の内容　　　　　令和○年○月○日付でパート労働者として採用
　　　　　　　　　　　　　　　され、○○スーパー板橋店でレジ係として勤務
　　　　　　　　　　　　　　　する

　　（3）賃金の内容　　　　　時給制
　　　　　　　　　　　　　　　時給単価　900円（交通費は不支給）

2　（1）解雇予告日　　　　　令和○年○月○日
　　（2）解雇日　　　　　　　令和○年○月○日
　　（3）解雇予告日の翌日から解雇日までの日数　　　0日

3　（1）平均賃金の計算期間　令和○年○月○日から令和○年○月○日まで
　　　　　　　　　　　　　　　総日数　92日
　　（2）平均賃金の計算期間に支払われるべき賃金の総額
　　　　　　　　　　○月　　　時給単価900円×5時間×22出勤日数＝99,000円
　　　　　　　　　　○月　　　時給単価900円×5時間×23出勤日数＝103,500円
　　　　　　　　　　○月　　　時給単価900円×5時間×24出勤日数＝108,000円
　　　　　　合計：金310,500円
　　（3）平均賃金　310,500÷92＝3,375円
　　（4）解雇手当の額　3,375円×30日＝101,250円

訴　　　状

事件名 **解雇予告手当** 請求事件

☑少額訴訟による審理及び裁判を求めます。本年，この裁判所において少額訴訟による審理及び裁判を求めるのは　**1**　回目です。

東京 簡易裁判所　御　中　　　　　令和　○　年 ○ 月 ○ 日

原告（申立人）	〒 000－0000 住　所（所在地）　**東京都○○区○○町○丁目○番○号** 氏　名（会社名・代表者名） 　　　　**甲山　広子** ㊞ ＴＥＬ 00 －　0000　－　0000　ＦＡＸ 00 － 0000 － 0000	
	送達場所等の届出	原告（申立人）に対する書類の送達は，次の場所に宛てて行ってください。 　☑上記住所等 　□勤務先　名　称 　　　　　　〒 　　　　　　住　所 　　　　　　　　　　ＴＥＬ　　　－　　　　　－ 　□その他の場所（原告等との関係　　　　　　　　　　　　） 　　　　　　〒 　　　　　　住　所 　　　　　　　　　　ＴＥＬ　　　－　　　　　－ □原告（申立人）に対する書類の送達は，次の人に宛てて行ってください。 　氏　名
被告（相手方）1	〒 000－0000 住　所（所在地）　**東京都○○区○○町○丁目○番○号** 氏　名（会社名・代表者名）**株式会社乙川スーパー** 　　　　　　　　　**代表者代表取締役　乙川　次郎** ＴＥＬ 00 － 0000 － 0000　ＦＡＸ 00 － 0000 － 0000 勤務先の名称及び住所 　　　　　　　　　　ＴＥＬ　　　－　　　　　－	
被告（相手方）2	〒 住　所（所在地） 氏　名（会社名・代表者名） ＴＥＬ　　　－　　　　　－　　　ＦＡＸ　　　－　　　　　－ 勤務先の名称及び住所 　　　　　　　　　　ＴＥＬ　　　－　　　　　－	

訴訟物の価額	101,250 円	取扱者
貼用印紙額	2,000 円	
予納郵便切手	5,200 円	
貼用印紙	裏面貼付のとおり	

請求の趣旨	1　被告は、原告に対して、次の金員を支払え。 　　　金　　　　　　202,500　円 ☑上記金額の内金　　　　　101,250　円（　**解雇予告手当**　）に対する 　{☐令和　　年　　月　　日} 　{☑訴状送達の日の翌日}　から支払済みまで 　　　年　**14.6**　％　の割合による遅延損害金 ☑上記金額の内金　　　　　101,250　円（　　**付加金**　　）に対する 　{☐令和　　年　　月　　日} 　{☐訴状送達の日の翌日}　から支払済みまで 　☑**本判決確定の日の翌日** 　　　年　**14.6**　％　の割合による遅延損害金 2　訴訟費用は、被告の負担とする。 との判決（☑及び仮執行の宣言）を求めます。
紛争の要点（請求の原因）	1　原告は、令和○年○月○日から令和○年○月○日まで約1年間、被告が経営する○○スーパー板橋店にレジ係として勤務した。当初、1か月間のパート労働者として勤務を始めたが、その後毎月労働契約の更新を行って上記退職日まで勤務したものである。勤務時間は午前10時から午後4時まで（うち昼休み1時間）、出勤日数は正規職員と同程度の月平均23日は出勤していた。 2　令和○年○月○日、被告に呼ばれ、契約満了日でもないのに、突然「今日をもって解雇する」との宣告を一方的に言い渡された。原告は、解雇予告は少なくとも30日前に行われるはずであり、30日前に予告をしない場合は解雇予告手当が支払われなければならないはずとの主張をしたが、被告は全く取り合わない。 3　ここで、退職前直近3か月間の賃金総額は、 　○月　時給単価900円×5時間×22出勤日数＝99,000円 　○月　時給単価900円×5時間×23出勤日数＝103,500円 　○月　時給単価900円×5時間×24出勤日数＝108,000円 の合計金310,500円であり、当該3か月間総日数92日で除した平均賃金の30日分相当の解雇予告手当は、金101,250円となる。 4　よって、原告は被告に対し、当該解雇予告手当金101,250円と右同額の付加金101,250円の合計金202,500円及びそれぞれに係る上記遅延損害金の支払を請求するものである
添付書類	・求人広告　　　　　　・労働契約書　　　　　・給与等支払明細書 ・商業登記事項証明書

様式第1号（第4条関係）（表面）

あっせん申請書

紛争当事者	労働者	ふりがな 氏名	こうがわ　しょういち 甲川　正一		
		住所	〒○○○−○○○○ 東京都○○区○○丁目○番○号	電話	03（○○○○）○○○○
	事業主	ふりがな 氏名又は名称	おつせつび　　　　　　　　　　おつやま　けいいち 乙設備株式会社　代表取締役　乙山　恵一		
		住所	〒○○○−○○○○ 東京都□□区□丁目□番□号○○ビル3階	電話	03（○○○○）○○○○
		※上記労働者に係る事業場の名称及び所在地	〒	電話	（　　）

あっせんを求める事項及びその理由	平成30年12月1日に無期雇用契約社員として入社し、A製品販売部長の指示を受けて製品販売部の販売部員として勤務していたが、令和3年1月20日に、同年2月20日付で解雇するとの通告を受けた。 　会社側は、問題行為によりA販売部長に苦情が寄せられ、業務改善指導や助言にも従わなかったため、就業規則37条2号の「勤務状況の不良による」により解雇を行ったというが、確認の連絡に対する対応や苦情の申し出に対する交渉など、職務上必要な対応を取ったに過ぎないものである。 　また、そもそもA製品販売部長から業務改善指導を受けたことは一度もなく、販売成績は他者と比べても遜色のない内容であることから、会社側の主張はいずれも事実とは異なるものである。 　したがって、就業規則による解雇事由には該当せず、解雇は無効であるため、解雇後に支給されるはずであった3月分以降の賃金の支払いを請求したい。
紛争の経過	解雇後も、文書や電話にて解雇が無効である旨を主張しているが、解雇が有効であるとの一点張りで、紛争の解決には至らなかった。 　状況が変わらない中、解雇の無効と復職を要求するため、あっせんを申し立てることにした。
その他参考となる事項	訴訟は提起しておらず、また、会社には労働組合はない。 　知人の弁護士に相談しており、あっせんが合意に至らない場合には、さまざまな法的手段を行うことも検討している。

令和3年　7月10日

　　　　　　　　　　　申請人　氏名又は名称　　甲川　正一　　㊞

東京 労働局長　殿

労働審判手続申立書

令和３年11月１日

東京地方裁判所　民事部　御中

〒○○○－○○○○　東京都○○区○○丁目○番○号
　　　　　申　立　人　　甲　川　正　一　　㊞
　　　　　　　　　電話　０３－○○○○－○○○○
　　　　　　　　　ＦＡＸ０３－○○○○－○○○○

〒○○○－○○○○　東京都□□区□丁目□番□号○○ビル３階
　　　　　相　手　方　　乙　設　備　株　式　会　社
　　　　　同代表者代表取締役　　乙　山　恵　一
　　　　　　　　　電話　０３－○○○○－○○○○
　　　　　　　　　ＦＡＸ０３－○○○○－○○○○

地位確認等請求労働審判事件
労働審判を求める事項の価額　　金275万円
ちょう用印紙額　　　　　　　　9500円

第１　申立ての趣旨
　１　申立人が、相手方に対し、雇用契約上の権利を有する地
　　位にあることを確認する。
　２　相手方は、申立人に対し、令和３年３月から毎月末日限
　　りそれぞれ金25万円及びこれらに対する各支払日の翌日か
　　ら支払い済みまで年３％の割合による金員を支払え。
　３　申立費用は相手方の負担とする。
との労働審判を求める。
第２　申立ての理由
　１　当事者と雇用契約

(1) 相手方は、工場用の設備機器の販売を目的とする株式会社である。

(2) 申立人は、平成30年12月1日、相手方との間で、基本給25万円（毎月20日締め、同月末日払い）という条件で期限の定めのない雇用契約を締結し、製品販売部の販売部員として勤務していた。

【甲1（雇用契約書）、甲2（就業規則）、甲3（給与明細書）】

2 解雇の事実

(1) 解雇の意思表示

相手方は、令和3年1月20日、同年2月20日付で申立人を解雇するとの意思表示をした。

【甲4（解雇通知書）】

(2) 相手方が主張する解雇事由

相手方の主張では、申立人の解雇理由は、申立人が、当社の就業規則第37条第2号及び第3号の解雇事由に該当したからとしている。なお、就業規則第37条には以下のとおりに規定されている。

・第37条　従業員が次のいずれかに該当する場合は、解雇する。

① 精神若しくは身体の故障により、業務の遂行に甚だしく支障があると認められたとき

② 勤務成績又は業務能率が著しく不良で、向上の見込みがなく、他の職種にも転換できない等、就業に適さないと認められたとき

③ 勤務状況が著しく不良で、改善の見込みがなく、従業員としての職責を果たせないと認められたとき

④ 懲戒事由に該当し、解雇を相当とするとき

⑤ その他前各号に準ずるやむを得ない事由のあるとき

3 解雇の無効

相手方が行った解雇は、客観的に合理的な理由を欠き、社会通念上相当であると認められず、無効である。

第3　予想される争点及び争点に関連する重要な事実

1　本件の争点は、申立人に就業規則上の解雇事由に該当する事実が存在するか否か、そして、仮に解雇事由に該当する事実が存在する場合でも、解雇が権利濫用として無効であるか否かである。

2　申立人に解雇事由に該当する事実が認められるか否か

(1)　相手方が主張する申立人の勤務状況

①　申立人は、複数の客先との間で問題を起こし、申立人の上司であるＡ製品販売部長に苦情が寄せられていた

②　複数の客先が申立人を担当から外すように要請してきた

③　①の客先に他の販売員が対応することとなったため、他の販売員の負担と不満が増えた

④　Ａ製品販売部長は申立人に対して何度も業務改善指導を行ったが、申立人は聞く耳を持たず、助言にも従わなかった

(2)　相手方が主張する申立人の解雇の正当性

相手方は、申立人の勤務状況に照らせば、申立人が就業規則の「勤務成績又は業務能率が著しく不良で、向上の見込みがなく、他の職種にも転換できない等、就業に適さないと認められたとき」（就業規則第37条第2号）、並びに「勤務状況が著しく不良で、改善の見込みがなく、従業員としての職責を果たせないと認められたとき」（就業規則第37条第3号）に該当すると主張している。

【甲4（解雇通知書）】

3　解雇の違法性

(1)　解雇事由として指摘されている事実の存否について

ア　2(1)①について

申立人と一部の客先との間で売価についての交渉の末に、客先からＡ製品販売部長に確認の連絡が入ったことは何度かあるが、申立人は職務上必要な対応を行ったに過ぎず、苦情を受けるような態度で客先への対応を行ったわけではない。

イ　2(1)②について

　申立人を担当から外すように要請してきた客先は、いずれも取引後に支払額を一方的に下げるように主張してきた客先であり、申立人は交渉を続けて、売買契約書に基づいた金額の支払いを受けることができるように職務上必要な対応を行ったにすぎない。

ウ　2(1)③について

　申立人に代わって客先対応にあたった販売員は、いずれも新入社員で、業務内容を把握しきれておらず、客先の話を鵜呑みにし、申立人と客先との間で行われた交渉内容を誤解している。

エ　2(1)④について

　申立人は、Ａ製品販売部長から業務改善指導を受けたことは一度もない。

(2)　相手方が行った解雇が無効であることを理由付ける具体的事実

　ア　申立人の販売成績は、他の販売員と比べて遜色のないものである。したがって、申立人には、「勤務成績又は業務能率が著しく不良で、向上の見込みがなく、他の職種にも転換できない等、就業に適さないと認められたとき」との事由は認められない。

【甲5（販売成績表）】

　イ　上記(1)で詳述したとおり、相手方が解雇事由として挙げている事柄は、いずれも事実と異なり、申立人には「勤務状況が著しく不良で、改善の見込みがなく、従業員としての職責を果たせないと認められたとき」との事由も認められない。

　ウ　仮に形式的に就業規則第37条各号のいずれかの解雇事由に該当した場合であっても、上記に詳述した程度の事実は、解雇がやむを得ないとするようなものとは認められない。

(3) 解雇権の濫用

　　したがって、相手方が行った解雇は、客観的に合理的な理由を欠き、社会通念上相当であると認められず、権利濫用として無効である。そのため、相手方に対し、労働契約上の権利を有する地位にあることの確認、及び令和３年３月分以降の賃金の支払いを求める。なお、申立て時の未払賃金（同年10月分までの８か月分）及び申立て後３か月間に発生する賃金の合計額は275万円（25万円×11か月分）である。

第４　申立てに至る経緯の概要

　申立人は、文書や電話にて、相手方に対して解雇が無効である旨を主張するとともに、労働局長へのあっせんの申立てを行ったが、相手方は、解雇が有効であるとの一点張りで、紛争の解決には至らなかった。そこで、申立人は、相手方に対して解雇の無効と復職を要求する本労働審判の申立てを行った。

【甲６（申立人の陳述書）】

証拠方法

甲１号証　（雇用契約書）

甲２号証　（就業規則）

甲３号証　（給与明細書）

甲４号証　（解雇通知書）

甲５号証　（販売成績表）

甲６号証　（申立人の陳述書）

附属書類

1　申立書写し　　　４通

2　甲１から６号証までの写し　　　各２通

3　証拠説明書　　　２通

4　資格証明書　　　１通

申立人　甲川　正一
相手方　乙設備株式会社

令和3年11月1日

証拠説明書

東京地方裁判所
労働審判委員会　御中

申立人　甲川　正一　㊞

号証	標目 (原本・写しの別)		作成 年月日	作成者	立証趣旨	備考
甲1	雇用契約書	原本	H30.12.1	相手方 及び 申立人	申立人と相手方と の間に平成30年12 月1日に雇用契約 が交わされたこと	
甲2	就業規則	写し	H20.4.5	相手方	相手方が主張する 就業規則の解雇事 由について	
甲3	給与明細書	原本	R2.12月分 〜R3.2月分	相手方	申立人の解雇前の 賃金が月額25万円 であること	
甲4	解雇通知書	写し	R3.1.20	申立人	相手方が令和3年 2月20日付で解雇 したこと	
甲5	販売成績表	原本	R3.1.20	相手方	申立人の販売成績 が他の販売員と比 べて著しく低いわ けではないこと	
甲6	申立人の 陳述書	原本	R3.10.25	申立人	本件申立ての経緯 など	

退職を強要する会社に損害賠償を請求する

退職勧奨や退職強要について

退職勧奨とは、会社側が社員に対して、会社を辞めてもらうように働きかけることです。辞めるように働きかけられた社員はそれに応じて辞めることもできますが、断ることもできます。

このように、退職勧奨は解雇とは異なるので、解雇のような法律上の禁止事項もありません。退職勧奨に関する規定が就業規則や雇用契約書にない場合でも会社側は自由に退職勧奨を行うことができます。

また、対象者の退職予定日の30日前までに予告する、解雇予告手当を支払うなどといった義務も一切ありません。ただ、円満に辞めてもらうために、退職金を上積みすることを提示してよりスムーズに辞めてもらうように工夫する企業が多いようです。

また、近年は労働者を劣悪な環境に追いやって自発的に退職届を書かせようとする退職強要がトラブルになっています。退職勧奨の程度を超えてリストラに従うのを拒否した労働者に対して、仕事を取り上げるなどの有形無形の嫌がらせを行うケースも見受けられます。

こうした行き過ぎた退職勧奨や退職強要は、民法の不法行為として損害賠償（慰謝料）などの対象となることもあります。数人で取り囲んで退職を迫るなど、方法が極めて悪質な場合には刑法の強要罪（223条）に該当する可能性もあります。

また、本人が「退職の勧めには応じない」との明確な意思表示をしているにもかかわらず、何度も繰り返し退職の勧奨を続けることは、不法行為として、会社が損害賠償責任を問われる可能性があります。

違法な退職勧奨による退職は取消を主張できる

　表向きは労働者から申し出た退職であっても、実際には辞めたくないのに会社から退職を勧められたり、強要されることもあります。

　会社側の態度に威圧されて退職の意思表示をしても、不当なものであれば錯誤（民法95条１項）や強迫（民法96条１項）を理由に退職の意思表示の取消を主張できます。違法な退職勧奨により精神的または財産的な被害を受けた場合には、会社に対して慰謝料などの損害賠償を請求できる場合もあります。

退職に追い込む嫌がらせは不法行為となることもある

　人員整理を急ぐ会社が、特定の社員に退職を勧奨し、拒否されると不当な配置換えなどの嫌がらせをして、その社員を精神的に追いつめ、退職に追い込むというケースもあります。配置転換命令が有効となるためには、労働基準法などの法律違反や労働協約違反・就業規則違反がないこと、人事権の濫用にあたらないこと、などの条件が満たされていなければなりません。

　退職を拒否したことを理由に嫌がらせとしてなされる解雇や配転、降格などの処分は業務上の必要性や相当性を欠き無効です。また、退職に追い込む嫌がらせは不法行為にあたり、精神的な苦痛を受けたとして慰謝料を請求できる場合もあります。

　会社によってはリストラの必要性に迫られ、各部署の責任者に人員削減を奨励することがあります。ひどい事態になると職場全体でいじめが行われる状況となり、自らがいじめの対象となることもあります。

　このような場合、納得しないままに退職願を出さないことが重要です。確かに、嫌がらせにより精神的に追い込まれて退職の意思表示をした場合には、その退職の意思表示は錯誤や強迫を理由に取り消すことができます。しかし、退職の意思表示が錯誤や強迫によるものであったことは労働者側が証明しなければなりません。退職願を出して

しまうと、後で退職の効力を争う場合に大変困難になるのです。

違法な退職勧奨とはどんな場合なのか

過去の裁判例として、3か月間に11回、場合によっては複数の担当者から最長2時間15分に及ぶ退職勧奨が繰り返されるなど、社会通念上許される範囲を超える態様で行われた退職勧奨について、会社の損害賠償責任が認められたケースがあります。

以上から、実際に退職勧奨を行った上司などに不法行為にあたる言動がある場合には、会社や上司などの責任が問われることになるといえます。反対に、不法行為にあたらないように配慮した退職勧奨であれば、責任を問われる可能性は低いといえるでしょう。

心理的負荷が強い場合には労災が認定されることもある

労災認定においても、退職勧奨によるうつ病などの精神障害の発生が問題となっています。退職の意思がないことを明確に表明しているにもかかわらず、執拗に退職を勧められた場合や、恐怖感を抱いてしまうような方法で勧奨された場合などは、その心理的負担が厚生労働省の「心理的負荷による精神障害の認定基準について」の「業務による心理的負荷評価表」により「強」と評価され、労災認定されるケースが増えています。

■ 解雇と退職勧奨の違い……………………………………………………

	解 雇	退職勧奨
意 味	使用者が一方的に労働契約を終了させること	使用者が労働者に対して退職するように働きかけること
応じる義務	正当な理由のない解雇であれば応じる義務はない	応じる義務はない
対 策	解雇の無効を争う	損害賠償を請求する

考えられる法的手段と書類作成の注意点

　退職勧奨行為や退職強要行為を受け、退職を拒否しているのに会社がこれらの行為を止めてくれない場合は、法的な措置を検討することになります。

・労働審判

　労働審判の申立てを行う場合、申立書の「申立ての趣旨」部分にはまず、会社に対して求める事項を記載します。そして、その次に、「申立ての理由」部分にその根拠となる事実について記載します。

　退職勧奨行為の中止を求めたい場合には、「申立ての趣旨」部分に、会社の申立人に対する退職勧奨行為の差止めを求める旨を記載します。「申立ての理由」部分には、退職を拒否しているのにもかかわらず、退職要請を受け続けている事実を記載します。

　退職勧奨行為による損害賠償を求めたい場合には、「申立ての趣旨」部分に、会社に対して損害賠償（慰謝料）の支払いを求める旨を記載します。「申立ての理由」部分には、退職勧奨行為が嫌がらせ（不法行為）に該当し、精神的苦痛が生じた事実を記載します。ただし、慰謝料の金額は、多額を請求しても満額で認められる可能性は少ないことが予想されます。慰謝料額の算定については専門家の意見などを聞いて決める方が望ましいでしょう。また、退職勧奨行為は当事者しか事情を知らず、口頭のみでなされることも多いことから証明しにくいという特徴があります。そのため、退職勧奨を受けた際のやりとりを録音するなど可能な限り工夫して証拠を集め、その証拠から推測できるよう書面を用意します。暴力を振るわれてケガをした場合などは、診断書などの証拠を用意することで、暴力を振るわれてケガをした事実を証明しやすくなります。

　申立書の「申立てに至る経緯の概要」部分には、これまでに行われた交渉の流れや、専門家への相談内容などについて記載します。

様式第1号（第4条関係）（表面）

あっせん申請書

紛争当事者	労働者	氏名 ふりがな	斉藤 義之 さいとう よしゆき
		住所	〒○○○－○○○○ 東京都○○区○○丁目○番○号　電話　03（○○○○）○○○○
	事業主	氏名又は名称 ふりがな	株式会社吉田電機 代表取締役 吉田 啓一 よしだでんき　　　　　　　　　　　　よしだ けいいち
		住所	〒○○○－○○○○ 東京都□□区□丁目□番□号○○ビル□階　電話　03（○○○○）○○○○
		※上記労働者に係る事業場の名称及び所在地	〒 　　　　　　　　　　　　　　　電話　　（　　　）

あっせんを求める事項及びその理由	平成22年4月5日に入社し、電気設備機材の製造業務に従事している。 　令和3年2月10日、相手方の人事部から呼び出され、退職勧奨を受けた。私は、次の就職先を探すことが困難なことから、これを拒絶した。 　令和3年2月25日、相手方から再度「退職金を上積みするから出て行ってほしい」という退職勧奨を受け、以後も再三にわたって退職勧奨を受け続けた。 　私には退職勧奨に応じる意思はなく、今後も退職を迫られ続けることは非常に苦痛である。相手方に対し、今後の退職勧奨を停止するよう求めたい。
紛争の経過	私は、上記退職勧奨に対し、一貫して拒絶する意思を伝えており、その上で、相手方に「これ以上退職を要請しないでほしい」旨を頼んだ（令和3年3月15日、同年4月15日）。しかし、相手方は私に対する執拗な退職勧奨を継続している。 　こうした状況につき、知り合いの弁護士に相談したところ、あっせん制度があるという説明を受け、本申請に至った。
その他参考となる事項	訴訟は提起していない。また、他の救済機関も利用していない。会社に労働組合はない。あっせんによる解決が図れなかった場合には、弁護士に相談し、さまざまな法的手段を検討する予定である。

令和3年 6月 1日

申請人　氏名又は名称　　斉藤 義之　　㊞

東京 労働局長　殿

労働審判手続申立書

令和３年10月１日

東京地方裁判所　民事部　御中

〒○○○－○○○○　東京都○○区○○丁目○番○号
　　　　　　　　　申　立　人　　　斉　藤　義　之　㊞
　　　　　　　　　電話　０３－○○○○－○○○○
　　　　　　　　　ＦＡＸ０３－○○○○－○○○○

〒○○○－○○○○　東京都□□区□丁目□番□号○○ビル○階
　　　　　　　　　相　手　方　　　株式会社　吉田電機
　　　　　　　　　同代表者代表取締役　　　吉　田　啓　一
　　　　　　　　　電話　０３－○○○○－○○○○
　　　　　　　　　ＦＡＸ０３－○○○○－○○○○

退職勧奨差止請求労働審判事件
労働審判を求める事項の価額　　金160万円
ちょう用印紙額　　　　　　　　6500円

第１　申立ての趣旨
　１　相手方は、自らまたはその従業員を使うなどして、申立
　　人に対して、退職勧奨を迫る言動をとるなどして、申立人
　　を退職に追い込むような精神的圧迫を加えてはならない。
　２　申立費用は相手方の負担とする。
　　との労働審判を求める。

第２　申立ての理由
　１　雇用契約の成立

(1) 相手方は電気設備機材の製造、販売等を業とする株式会社である。

(2) 申立人は平成22年4月5日、相手方に入社し、電気設備機材の製造業務に従事した。

【甲1（雇用契約書）】

2　退職勧奨

(1) 令和3年2月10日、申立人は相手方の人事部より退職勧奨を受けたが、次の就職先を探すことが困難なことから、これを拒絶した。

(2) 令和3年2月25日、申立人は再度相手方の人事部より呼び出され、「退職金を上積みするから出て行ってほしい」という退職勧奨を受けた。これに対し、申立人は「いくら退職金を上積みされても、退職に応じることはできない」と伝えた。しかし、その後も面談やメールなどによって、再三にわたり人事部からの退職勧奨を受けた。

【甲2（面談の録音データ）、甲3（メール内容の写し）】

(3) 相手方による退職勧奨は、申立人が一貫して拒絶の意思を示しているのにもかかわらず、多数回にわたって行われている。今後も相手方から同様の退職勧奨が続く場合、当該退職勧奨は本来の説得という目的を超えた違法な退職強要になると考える。

(4) 以上から、申立人は相手方に対して、これ以上の退職勧奨を停止することを求める。

第3　予想される争点及び争点に関連する重要な事実

1　本件の争点は、相手方が今後も申立人への退職勧奨を継続した場合に、その行為が退職強要として不法行為となるか否かである。

2　退職勧奨に応じるか否かは、労働者の自由な意思に委ねら

れるべきことであり、許容される限度を超えた退職勧奨は違法な退職強要として不法行為となる。

　退職勧奨に応じる意思のない申立人に対して、相手方が執拗に退職勧奨を続けていることは、面談やメールの内容、回数などからも明らかである。今後もこれらの行為を継続することは、申立人の自己決定権を侵害する行為であり、相手方に不法行為責任が生じるものといえる。

【甲4（申立人の陳述書）】

第4　申立てに至る経緯の概要

　令和3年3月15日以降、申立人は、相手方の人事部に対して、「退職勧奨に応じる意思は一切ないので、これ以上退職を要請しないでほしい」と頼んだが、人事部は申立人への退職勧奨を続けている。申立人は、以上の状況につき、知り合いの弁護士からアドバイスを受け、労働局長へのあっせんを申し立てたが、依然として退職勧奨が続いているので、相手方に対して本労働審判の申立てを行うに至った。

証拠方法

甲1号証　（雇用契約書）
甲2号証　（面談の録音データ）
甲3号証　（メール内容の写し）
甲4号証　（申立人の陳述書）

附属書類

1	申立書写し	4通
2	甲1から4号証までの写し	各2通
3	証拠説明書	2通
4	資格証明書	1通

申立人　斉藤　義之

相手方　株式会社　吉田電機

令和３年10月１日

証拠説明書

東京地方裁判所

労働審判委員会　御中

申立人　斉藤　義之　㊞

号証	標目 （原本・写しの別）		作　成 年月日	作成者	立証趣旨	備考
甲１	雇用契約書	原本	H22.4.5	相手方 及び 申立人	申立人と相手方との間に平成22年４月５日に雇用契約が交わされたこと	
甲２	面談の録音データ	原本	（録音日） R３.3.15 R３.4.15 R３.9.22	（録音者） 申立人	申立人が退職勧奨を執拗に受けていたこと	
甲３	メール内容の写し	写し	R３.2〜 R３.9	相手方 人事部	申立人が退職勧奨を執拗に受けていたこと	
甲４	申立人の陳述書	原本	R３.9.30	申立人	本件申立ての経緯など	

パートタイマーが会社に雇止めの無効確認を求める

雇止めの理由は客観的に見て合理的であることが必要

会社からの有期雇用の契約解除は解雇と同じである

　パートやアルバイトは有期雇用として契約しているケースがほとんどです。有期雇用契約は、契約期間に縛られることが前提なので、契約期間中は、やむを得ない事由がない限り、会社・社員の双方から解除ができません（民法628条）。

　ただし、高度な専門技術を有する労働者と満60歳以上の労働者を除いて、１年を超える契約期間で働く労働者は、契約期間の初日から１年を経過した日以後は、会社側（使用者）に申し出ることで、いつでも退職ができます（労働基準法137条）。

　たとえば、３年の契約期間で働いている労働者は、契約期間の初日から１年を経過した日以後であれば、いつでも労働者の都合で辞めることが可能です。さらに、労働契約法17条では、会社（使用者）は、やむを得ない事由がない限り、契約期間中に有期雇用契約の労働者の解雇ができないと規定し、会社側からの有期雇用契約の解除を制限しています。この規定がある点から、正社員の解雇よりも有期契約期間中の解雇の有効性は厳しく判断されることに注意を要します。

　そして、会社側からの解除は労働基準法の「解雇」に該当しますので、労働基準法20条により、原則として、30日以上前に予告するか、予告をしない場合は30日分以上の平均賃金の支払いが必要です。

　なお、民法628条には、解除の事由が「当事者の一方の過失によって生じたものであるときは、相手方に対して損害賠償の責任を負う」との一文があります。したがって、会社がパートやアルバイトを解雇する場合には、残りの契約期間分の賃金と同程度の損害賠償金を負担

しなければならなくなる可能性もあります。

雇止め法理と無期転換ルールに留意する

有期雇用契約は、契約期間の満了と同時に雇用関係が終了します。このとき、契約期間の満了に伴い、会社から契約更新を拒否することを**雇止め**といいます。そして、雇止めは解雇に該当しませんので、原則として解雇に関する規定が適用されません。

もっとも、契約更新をしているケースも多く、特に契約更新が繰り返されていると、雇用継続への期待が高まると考えられます。そこで、有期雇用契約が継続して更新されていて雇止めが解雇と同視できる場合や、契約更新に対する期待を持つことに合理的な理由がある場合には、合理的な理由や社会通念上の相当性がない雇止めが認められません（雇止め法理、労働契約法19条）。このような有期労働契約について、厚生労働省は「有期労働契約の締結、更新および雇止めに関する基準」を策定しています。この基準によると、会社が労働者と有期労働契約を結ぶ場合は、更新の有無および更新についての判断基準をあらかじめ明示しておくことが必要です。更新の有無の明示方法は、具体的には、①特別の事情がない限り自動更新する、②契約期間満了のつど更新の可否を判断する、③特別の事情がない限り契約の更新はし

■ 労働契約の期間

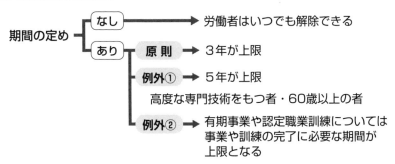

期間の定め
- なし → 労働者はいつでも解除できる
- あり
  - **原則** → 3年が上限
  - **例外①** → 5年が上限
    高度な専門技術をもつ者・60歳以上の者
  - **例外②** → 有期事業や認定職業訓練については事業や訓練の完了に必要な期間が上限となる

ない、などの明示が義務付けられています。また、契約を1回以上更新し、かつ1年以上雇用している労働者と契約を更新する場合は、契約期間を必要以上に短くすることなく、契約の実態や労働者の希望に応じ、できるだけ長くするように努める必要があります。

さらに、労働契約法18条は、有期労働契約から無期労働契約への転換に関する制度（**無期転換ルール**）を定めています。具体的には、同じ会社（使用者）との間で締結していた複数回の有期労働契約の通算期間が5年を超えれば、有期労働者（有期労働契約を締結している労働者）は、労働契約を無期のものに転換するよう、会社側に申し込むことができます。会社側は、この申込みを拒否できず、自動的に承諾したとみなされます。その結果、現在の有期労働契約の期間満了日の翌日から無期労働契約へと転換されます。無期労働契約への転換後の労働条件は、契約期間が無期に転換された点を除き、有期労働契約を締結していた時と同じになります。

考えられる法的手段と書類作成の注意点

雇止め行為の無効やそれに伴う未払い賃金の要求に応じてもらえな

■ パート従業員と雇止め・解雇 ……………………………………

い場合は、法的な措置を検討することになります。

・労働審判

労働審判の申立てを行う場合、申立書の「申立ての趣旨」部分には、自分が引き続き会社の従業員の地位にあることの確認と、会社側が雇止めを告げてから支払わなかった期間の賃金の支払いを求める旨を記載します。

申立書の「申立ての理由」部分には、雇止めに至るまでの一連の流れを時系列順に記載していきます。具体的には、有期労働契約が反復して更新されており雇止めが解雇と同視できることや、契約更新に対する期待を持つことに合理的な理由があることを記載します。たとえば、1年更新での契約社員で雇われたにもかかわらず、3年間は自動更新がなされており、契約更新が形骸化していたことを示します。

このようなケースでは、雇止め行為の有効性が争点となることが予想されます。そのため、申立書の「予想される争点」部分には、雇止めには合理的な理由がないこと、正式な解雇予告が行われていないこと、理由が十分に説明されていないことなどを記載するとともに、これらを証明する資料として、雇用契約書や雇止めの説明を受けた際のメモ、勤務状況や仕事内容を示す書類などを用意しましょう。

■ 無期転換ルールの内容 ……………………………………………

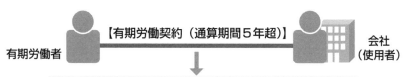

☆ 原則6か月以上のクーリング期間（未契約期間）をはさんでいる場合、クーリング期間前の契約期間は通算されない。

☆ 会社は、有期労働者による転換の申込みを自動的に承諾したとみなされるため、会社が転換の申込みを拒否することはできない。

調 停 申 請 書

<table>
<tr><td rowspan="4">関 係 当 事 者</td><td rowspan="2">短時間労働者</td><td>ふりがな
氏名</td><td colspan="2">へいかわ　なな
丙 川 奈 々</td></tr>
<tr><td>住所</td><td colspan="2">〒○○○－○○○○
東京都○○区○○丁目○番○号 電話　　　（　　　）</td></tr>
<tr><td rowspan="3">事業主</td><td>氏名又は名称
ふ　り　が　な</td><td colspan="2">はっぴーらいふ　　　　　　　　きたがみ　さぶろう
株式会社ハッピーライフ 代表取締役 北上 三郎</td></tr>
<tr><td>住所</td><td colspan="2">〒○○○－○○○○
東京都□□区□丁目□番□号○○ビル○階 電話　03（○○○○）○○○○</td></tr>
<tr><td>※上記短時間労働者に係る事業所の名称及び所在地</td><td colspan="2">
〒

　　　　　　　　　　　　　　　　電話　　　（　　　）</td></tr>
</table>

調停を求める 事項及びその理由	申立人は平成30年9月20日に同社に経理事務などのサポート業務を行う契約社員として入社し、以後は半年ごとに契約更新を繰り返していたが、令和3年8月20日に次回の更新を行わないと通告された。 　令和2年9月以降の経営不振が原因とされているが、今までに叱責や指導を受けたこともなく、グループリーダーを任されたこともあり勤務態度に問題はなく、前回までは半ば自動的に更新が繰り返されていたことから、突然の契約更新の拒否には納得がいかない。 　したがって、次年度以降の契約更新の権利と、金160万円の支払いを請求したい。
紛争の経過	満了通告を受けた8月20日に人事部長に話し合いを求めたが全く取り合ってもらえなかった。 　その後の話し合いの申し出も相手にされなかったため、友人に相談した上で9月12日にあっせんに申し立てることにした。
その他参考 となる事項	他の救済機関は利用しておらず、会社には労働組合はない。

令和3年 9 月 12 日

　　　　　　　　申請人　氏名又は名称　　丙 川 奈 々　㊞

東京 労働局長　　殿

労働審判手続申立書

令和３年12月13日

東京地方裁判所　民事部　御中

〒○○○－○○○○　東京都○○区○○丁目○番○号
　　　　申　立　人　　　丙　川　奈　々　　㊞
　　　　　　　　電話　　０３－○○○○－○○○○
　　　　　　　　ＦＡＸ０３－○○○○－○○○○

〒○○○－○○○○　東京都□□区□丁目□番□号○○ビル○階
　　　　相　手　方　　　株式会社　ハッピーライフ
　　　　同代表者代表取締役　　北　上　三　郎
　　　　　　　　電話　　０３－○○○○－○○○○
　　　　　　　　ＦＡＸ０３－○○○○－○○○○

地位確認等請求労働審判事件
労働審判を求める事項の価額　　金110万円
ちょう用印紙額　　　　　　　　5500円

第１　申立ての趣旨
　１　申立人が、相手方に対し、雇用契約上の権利を有する地
　　　位にあることを確認する。
　２　相手方は、申立人に対し、金66万円及び令和３年10月か
　　　ら毎月末日限り金22万円及びこれらに対する各支払日の翌
　　　日から支払い済みまで年３％の割合による金員を支払え。
　３　申立費用は相手方の負担とする。

との労働審判を求める。

第2　申立ての理由
　1　雇用契約の成立等
　　相手方はホームページ制作等を行っているサービス会社である。
　　申立人は、平成30年9月20日、相手方に契約社員として入社し、
経理事務などのサポート業務を行っていた。申立人の給与は月22
万円で、毎月20日締め、同月末日払いであった。
　　【甲1（雇用契約書）甲2（給与明細書）甲3（就業規則）】
　2　契約期間の定めと終了通知にいたるまで
　　契約書によると、相手方との契約期間は半年となっており、
申立人は最初の契約期間が切れる平成31年3月に問い合わせを
したが、「これは形式ですから」と言われ、契約が更新された。
以後も、半ば自動的に契約が更新される状況が続いた。
　　しかし、相手方の業績が落ち込んでいたこともあり、令和3
年8月20日、申立人は、相手方から「次の期間満了時に契約終
了とします。9月21日以降は来なくてよいです。」という一方
的通告を受けた。申立人が「今まで半ば自動的に更新されたの
に納得できない」と主張したが聞き入れられず、9月21日以降
は退職扱いとされている。なお、令和3年9月分までは給与が
満額振り込まれている。
　　　　　　　　　　　　　　　　　【甲4（契約満了通知書）】
　　申立人は契約社員であるが、相手方で4年間勤務を続けてい
たので、雇止めをするには合理的な理由と社会通念上の相当性
が必要であるが、今回の雇止めにはそれがないので、雇止めは
無効である。
　　したがって、申立人は、相手方に対する雇用契約上の権利を

有していることの確認を求めるとともに、雇止め後に支払われていない令和3年10月分以降の給与の支払いを求める。なお、申立て時の未払いの給与（同年11月分までの2か月分）及び申立て後3か月間に発生する給与の合計額は110万円（22万円×5か月分）である。

第3　予想される争点及び争点に関連する重要な事実
　　本件の争点は、雇止めが合理的な理由と社会通念上の相当性をもって行われたか否かである。
　　相手方からは、申立人の勤務態度に問題があり、雇止めはやむを得ないものだったと主張することが考えられる。
　　しかし、申立人が、令和3年9月20日までに上司から叱責・指導等を受けたことは一切なく、グループリーダーを任されたことがしばしばあり、勤務態度に問題のある人間がこのような立場を任されるとは思えない。

第4　申立てに至る経緯の概要
　　申立人は、雇止めの通告を受けた令和3年8月20日、相手方の人事部長に話し合いを申し込んだが、人事部長は「決まったことだから」と答えるのみで全く取り合わなかった。
　　その後、友人に相談して同年9月12日に労働局長にあっせんを申請した。あっせん委員からは「申立人の次の仕事が決まるまでの4か月分の給与相当分」として88万円を相手方が申立人に支払うとのあっせん案が出された。申立人は了承したが、相手方が拒絶したため、同年9月30日にあっせんが打ち切られた。
　　そこで、申立人は、相手方に対して、雇止めの無効と復職を要求する本労働審判の申立てを行った。

証拠方法

甲1号証　（雇用契約書）

甲2号証　（給与明細書）

甲3号証　（就業規則）

甲4号証　（契約満了通知書）

附属書類

1	申立書写し	4通
2	甲1から4号証までの写し	各2通
3	証拠説明書	2通
4	資格証明書	1通

申立人　丙川　奈々

相手方　株式会社ハッピーライフ

令和3年12月13日

証拠説明書

東京地方裁判所

労働審判委員会　御中

申立人　丙川　奈々　㊞

号証	標　目 （原本・写しの別）		作　成 年月日	作成者	立　証　趣　旨	備考
甲1	雇用契約書	原本	H30.9.20	相手方 及び 申立人	申立人と相手方との間に平成30年9月20日に雇用契約が交わされたこと 1年間の契約社員であることと契約が4年前であること	
甲2	給与明細書	原本	R3.7～ R3.9	相手方	申立人の賃金が月22万円であること	
甲3	就業規則	写し	H27.10.1	相手方	解雇の要件の確認	
甲4	契約満了 通知書	原本	R3.8.20	相手方	契約更新されないことが伝えられたこと	

パートと正社員間の不合理な待遇差を設けることの禁止

　同一企業内におけるパートタイマーと正社員の間で、基本給や賞与など、あらゆる待遇について不合理な待遇差を設けることが「パートタイム・有期雇用労働法」によって禁止されています（中小企業への適用は令和3年4月から）。これにより、パートタイマーなどの非正規社員であっても、正社員と同じ業務を行っていたり、配置変更の範囲などが同じであれば、基本給、昇給、賞与や各種手当などの賃金にとどまらず、教育訓練や福利厚生についても、同等の扱いが求められます。

　「同一労働同一賃金ガイドライン」には、待遇差が存在する場合において、どんな内容が不合理と認められるのか、原則となる考えや具体例が示されています。たとえば、賞与について、会社業績への貢献に応じて支給するものについては、正社員と同じ貢献であれば同一の支給を、違いがあれば違いに応じた支給を行わなければなりません。昇給についても、勤続年数による能力の向上に応じて行われるものについては、同一の能力向上であれば同一の昇給を行うことが必要であると示されています。一方、退職手当や住宅手当など、具体的に示されていない項目もありますが、それらについても不合理と認められる待遇差は解消するよう求められています。

　また、パートタイマーは「正社員との待遇差の内容や理由」などについて、使用者に説明を求めることができ、使用者には説明義務が発生します。違反企業への罰則などは特に設けられていませんが、損害賠償請求などが生じる可能性があるため、不合理な待遇差として認められるおそれがある場合は、待遇の改善が求められます。

　実際に裁判などで争われた際に不合理だと判断された判例も複数あるため、会社は、雇用形態にかかわらずすべての労働者が納得して働き続けることができるよう、同一労働同一賃金が実現できる環境整備を進めることが必要です。

第７章

セクハラ・パワハラを
めぐるトラブルと解決法

会社に慰謝料の支払いとセクハラ防止を求める

セクハラを客観的に証明できるような証拠を多く集めておく

セクハラとは

　職場における**セクハラ（セクシュアル・ハラスメント）**とは、職場において行われる性的な言動に対する労働者の対応により、その労働者が労働条件につき不利益を受けたり、その性的な言動によりその労働者の就業環境が害されたりすることをいいます。職場におけるセクハラには、①**対価型**（性的な言動に対する労働者の対応により、その労働者が解雇、降格などの不利益を被る場合）、②**環境型**（性的な言動により就業環境を不快にすることで、労働者が就業する上で見過ごすことができない程度の支障が生じる場合）に分類されます。

　対価型の具体例としては、職場において事業主が日頃から行っていた性的な言動に対し、抗議した労働者を解雇したり減給する場合が挙げられます。

　他方、環境型の具体例としては、同僚が故意に労働者の胸や腰に触れるなど、直接的な身体接触を伴う行為により、その労働者にとっての就業環境が悪化して就業意欲が低下している場合が挙げられます。さらに、直接的な身体接触がなくても、他の労働者が抗議しているにもかかわらず職場にわいせつなポスターを掲示する場合や、上司が部下の性的経験・外見・身体に関する事柄について発言し、その部下が苦痛に感じて業務が手につかない場合も、環境型セクハラにあたります。

　対価型・環境型を問わず、セクハラの状況は多様であり、その判断にあたっては個々の状況を考慮する必要があります。被害を訴える労働者の主観を重視しつつ、平均的な労働者の感じ方を基準とすることが妥当とされます。

▌会社にはセクハラ防止義務がある

　会社内外でセクハラが行われた場合、セクハラを行った本人以外に、その本人を労働者として雇用している会社も法的責任を負うことがあります。

　男女雇用機会均等法11条は、職場で行われる性的な言動に対する労働者の対応により、その労働者が不利益を受け、またはその労働者の就業環境が害されることのないよう、事業主が必要な体制の整備その他の雇用管理上必要な措置を講じなければならないと定めています。また、法改正により、セクハラを事業主に相談したこと等を理由とする、その労働者に対する解雇など不利益取扱いの禁止や、自社の労働者が他社の労働者にセクハラを行った場合に、その他社の事業主に必要な協力をするよう努めることも定められました。

　なお、厚生労働省では、雇用管理上必要な措置について、「事業主が雇用管理上講ずべき措置」を示しており、会社は必ずこれらの措置を講じなければなりません。具体的には、以下のような内容が含まれています。

① 　セクハラに対する事業主の方針の明確化および周知

　個別に、あるいは口頭で方針を伝えるのではなく、セクハラに対す

■ セクハラに遭ったときの対処法 ……………………………………

❶ 証拠を残す
日時や場所、状況をメモにしたり日記に書く、会話の内容を録音する、友人に相談するといったことで後々のため証拠を残す

❷ 会社の苦情窓口などに相談する
職場におけるセクハラ防止のため、必要な処置をとるように事業主に義務づけられている

❸ 労働局雇用均等室や弁護士などに相談する
専門家に相談することで適切なアドバイスを受けることができる

る方針、セクハラの発生原因となりやすい事例やその背景などを社内ホームページ、社内報や就業規則などに明示し、管理職を含む労働者に広く知らせる方法などが挙げられます。

② 相談窓口の設置など、必要な体制を整備すること

セクハラについての相談窓口を設置して労働者に周知し、利用しやすい体制を整備する必要があります。窓口担当者が初期対応を誤ったために問題が複雑化することも多いため、相談対応マニュアルなども整備しておかなければなりません。マニュアルは、窓口担当者が内容・状況に応じて適切・迅速に対応できるよう、担当者目線で実務的なものを作成しておく必要があります。事前に研修を受講させる必要性についても検討が必要です。

③ セクハラ問題が起きた場合に迅速かつ適切な対応をすること

相談窓口に相談が届いた場合、被害の継続、拡大を防ぐため、迅速に事実関係を確認し、適切な対応をすることが求められます。事実確認が完了していなくても、相談者の立場を考慮し良好な就業環境を回復するため、臨機応変に対応しましょう。

会社が負う法的責任

職場におけるセクハラは、加害者である従業員が被害者に対して不法行為に基づく損害賠償責任を負う他、加害者を雇用している会社も**使用者責任**（民法715条）を負います。使用者責任とは、従業員が職務中の不法行為により他人に損害を与えた場合に、使用者である会社もその従業員とともに損害賠償責任を負うという法的責任です。

さらに、会社は、被害者である従業員との労働契約に付随する義務として、従業員が働きやすい労働環境を作る義務を負っています。しかし、セクハラの相談に対して適切な対応をとらないなど、従業員が働きやすい労働環境を作る義務を怠った場合、会社が労働契約に基づく**安全配慮義務**に違反したとして、被害者に対して債務不履行に基づ

く損害賠償責任（民法415条）を負う可能性があります。

考えられる法的手段と書類作成の注意点

　会社に対してセクハラ被害を申告して損害賠償の支払いを求めても、会社がセクハラの事実を認めず、金銭支払いにも応じてもらえない場合は、次の段階として法的な措置を検討します。

・労働審判

　労働審判の申立てを行う場合、申立書の「申立ての趣旨」部分には、慰謝料の支払いを求める旨あるいは職場環境の改善を求める旨を明示します。慰謝料の支払いを求めるケースではセクハラ行為による精神的苦痛に対する慰謝料や逸失利益、通院費などの請求金額の合計を記載します。

　申立書の「申立ての理由」部分には、雇用契約の内容と、セクハラの内容を記載します。セクハラの内容は、いつ・どこで・誰から・どのような嫌がらせを受けたかの詳細を明記します。たとえば、これまでの部署や業務内容からセクハラ行為がエスカレートし、メンタルヘルス疾患にかかり通院するまでの経緯を事実に基づき記載します。

　その上で、セクハラを客観的に確認できる証拠（録音テープや写真、メール、同僚の証言など）をできるだけ多く準備します。

■ 被害者の加害者・会社に対する責任の追及 ·························

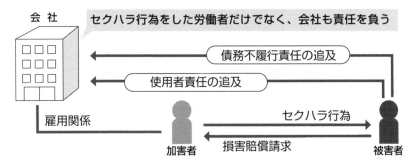

調　停　申　請　書

<table>
<tr><td rowspan="3">関係当事者</td><td rowspan="2">労働者</td><td>氏名
<small>ふりがな</small></td><td colspan="2"><small>のぐち　すず</small>
野口　鈴</td></tr>
<tr><td>住所</td><td colspan="2">〒○○○-○○○○
東京都○○区○○丁目○番○号　電話　03 (○○○○)○○○○</td></tr>
<tr><td rowspan="3">事業主</td><td>氏名又は名称
<small>りょうな</small></td><td colspan="2">さくらぎ株式会社 代表取締役　<small>さくらぎ　たかお</small>
桜木　隆夫</td></tr>
<tr><td>住所</td><td colspan="2">〒○○○-○○○○
東京都□□区□丁目□番□号○○　電話　03 (○○○○)○○○</td></tr>
<tr><td>※上記労働者に係る事業場の名称及び所在地</td><td colspan="2">〒
　　　　　　　　　　　　　電話　　　（　　　）</td></tr>
</table>

調停を求める事項及びその理由	平成26年9月5日に契約社員として入社し、所属部の部長Aの指示を受けて経理事務などのサポート業務を行っていた。令和元年末の忘年会でカラオケに参加しデュエット曲を歌った頃から、部長Aより食事や映画に誘われるようになった。断るとプライベートの質問に関するメールが相次ぎ、次第に内容が過激になり、「顔写真を出会い系サイトに使わせる」などの脅しに近いような言葉も受けた。 　人事部にセクハラ被害を訴えても、部長Aが実績のある人間であることから我慢を強いられ、その後も状況は変わらずセクハラ行為自体も疑われたため、令和3年7月1日より休職して○○大学病院に通院している。 　今回のセクハラ行為ならびに会社側の対応による精神的苦痛は計り知れないものであり、慰謝料や通院費の支払を求めたい。
紛争の経過	令和3年1月11日に人事部へ申し出たものの「部長A君は成績が良く、他の部署への異動は考えられない。もう少し我慢してほしい」と言われ、取り合ってもらえなかった。また、同年5月に再度訴えたところ「給与を上げるからもう少しだけ我慢してほしい」と言われ、実際に5月6日の給与は28万円とそれまでより3万円上がっていた。さらに、同年6月20日に掛け合ったところ、セクハラ行為の事実を疑われた。 　上記により、このままでは本質的な解決が困難な状況であると判断し、あっせんに申し立てることにした。
その他参考となる事項	訴訟は提起しておらず、また、会社には労働組合はない。 　知人の弁護士に相談しており、あっせんが合意に至らない場合には、さまざまな法的手段を行うことも検討している。

令和3年　7月15日

　　　　　　申請人　　　氏名又は名称　　　　**野口　鈴**　　㊞

東京 労働局長　　　殿

労働審判手続申立書

令和３年９月１日

東京地方裁判所　民事部　御中

〒○○○－○○○○　東京都○○区○○丁目○番○号
　　　　　　　　申　立　人　　　野　口　鈴　　㊞
　　　　　　　　電話　０３－○○○○－○○○○
　　　　　　　　ＦＡＸ０３－○○○○－○○○○

〒○○○－○○○○　東京都□□区□丁目□番□号○○
　　　　　　　　相　手　方　　　さくらぎ株式会社
　　　　　　　　同代表者代表取締役　　桜　木　隆　夫
　　　　　　　　電話　０３－○○○○－○○○○
　　　　　　　　ＦＡＸ０３－○○○○－○○○○

損害賠償請求労働審判事件
労働審判を求める事項の価額　　　金276万円
ちょう用印紙額　　　　　　　　　9500円

第1　申立ての趣旨
　1　相手方は申立人に対し、金276万円及びこれに対する令和
　　　３年７月１日から支払い済みまで年３％の割合による金員
　　　を支払え。
　2　申立費用は相手方の負担とする。
との労働審判を求める。

第2　申立ての理由
　1　雇用契約の成立等

相手方はホームページ制作等を行っているサービス会社である。

申立人は平成26年9月5日に同社に契約社員として入社し、経理事務などのサポート業務を行っていた（給与は月25万円、毎月20日締め月末払い）。

【甲1（雇用契約書）】

2　セクシュアル・ハラスメント（以下「セクハラ」という）

⑴　申立人は所属部の部長Aの指示を受けて勤務していた。

　　当初Aとの関係には問題はなかったが、令和元年末の忘年会に参加し、カラオケでデュエット曲を歌った頃から、Aが申立人に対してしばしば食事や映画などに誘ってくるようになった。申立人が自分の都合があることを理由に断っていると、スマートフォンのメールアドレス宛てに「今何してる？」、「そろそろシャワーの時間でしょ」といったメールが相次ぐようになった。

⑵　その後もAからのメール攻勢は続いていたが、申立人が無視していると、Aのメール内容がエスカレートし、「顔写真を知り合いの出会い系サイトに使わせるぞ」など脅しに近い言葉も受けた。

⑶　申立人は、人事部にAからセクハラを受けていることを報告した。しかし、人事部はAの業績をほめたたえ、申立人に我慢を強いるよう伝えただけだった。その後も人事部に掛け合ったが、給与を引き上げるだけで、我慢を強いることに変わりなかった。最後に人事部に掛け合ったときは、セクハラを受けていることに疑問をもたれた。

　　上記の経緯もあって、申立人は、令和3年5月頃からノイローゼ気味になり、令和3年7月1日から休職して、○○大学病院にて通院治療を継続している。

⑷　相手方には、被用者が労務に服する過程で生命および健康を害しないようにするなどの職場環境配慮義務があるはず

ある。今回、人事部は職場環境配慮義務を怠ったといえる。そのため、使用者である相手方は債務不履行責任または不法行為責任を負う。

(5)　以上から、申立人は、相手方に対して、(3)にある申立人の通院費用、後述する逸失利益、申立人が受けた精神的損害の賠償を求める。

【甲2（通院明細書）】

3　損害賠償請求権

前述した相手方の職場環境配慮義務違反によって、申立人に生じた損害は以下の通りである。

(1)　慰謝料　　200万円

(2)　逸失利益　56万円

申立人はノイローゼで通院しており、令和3年7月以降、2か月にわたり通院治療のために復職できない状況にあったから、現在の給与（28万円）の2か月分を請求する。

(3)　通院費　20万円

(4)　合計276万円

第3　予想される争点及び争点に関連する重要な事実

1　本件の争点は、Aの行為がセクハラにあたるか否かである。

2　セクハラの該当性

相手方は、Aの行為がセクハラにあたらないのではないか、と主張してくることが考えられる。

しかし、Aの言葉や行動は、性的な意味合いを持つものであり、申立人が望むものではないので、セクハラに該当する。

【甲3（メール内容の写し）、甲4（録音データ）】

第4　申立てに至る経緯の概要

申立人は知人の弁護士に相談し、令和3年1月11日に相手方の

人事部に対して何とかしてほしい旨を求めたが、「A君は成績が
いいし、他の部署に移させるわけにはいかない。もう少し我慢
してほしい」と取り合ってもらえなかった。

　そこで、申立人は同年5月になって、相手方に対して「やめさ
せてほしい」旨を伝えたものの、「A君からは君がいることで職
場がうまく回っていると言われている。気持ちはわかるが、給
与をあげるからもう少しだけ我慢してほしい」と言われた。なお、
実際に同年5月および6月の給与は28万円とそれまでより3万
円上がっていた。

　その後、同年6月20日にも相手方に掛け合ったが、「本当にセク
ハラがあったといえるのか」と疑問をもたれた。同年7月1日に
あっせんの申請をしたが、相手方は応じる姿勢を見せていない。

　以上から、相手方が申立人の受けている精神的苦痛の解決を
図ってくれない状況であり、やむなく本申立てに至った。

【甲5（申立人の陳述書）】

証拠方法
甲1号証　（雇用契約書）
甲2号証　（通院明細書）
甲3号証　（メール内容の写し）
甲4号証　（録音データ）
甲5号証　（申立人の陳述書）

附属書類
1	申立書写し	4通
2	甲1から5号証までの写し	各2通
3	証拠説明書	2通
4	資格証明書	1通

申立人　野口　鈴
相手方　さくらぎ株式会社

令和3年10月1日

証拠説明書

東京地方裁判所
労働審判委員会　御中

申立人　野口　鈴　㊞

号証	標　目 （原本・写しの別）		作　成 年月日	作成者	立　証　趣　旨	備考
甲1	雇用契約書	原本	H26.9.5	相手方 及び 申立人	申立人と相手方との間に平成26年9月5日に雇用契約が交わされたこと及び労働条件	
甲2	通院明細書	原本	R3.7.1～ R3.8.30	S病院	申立人がノイローゼ気味で通院費用として20万円かかったこと	
甲3	メール内容の写し	写し	R2.1～ R3.6	A	申立人がAから交際を求められたり、猥褻な内容のメールを送られたこと	
甲4	録音テープ	原本	（録音日） R3.1.11 R3.5.15 R3.6.20	（録音者） 申立人	相手方とのやりとりでは解決しそうにないこと	
甲5	申立人の陳述書	原本	R3.9.30	申立人	本件申立ての経緯など	

いじめや嫌がらせが横行する会社の職場環境の改善を求める

いじめや嫌がらせを受けた証拠を残しておくこと

パワハラの定義

　職場におけるパワハラ（パワー・ハラスメント）の定義について厚生労働省は、職場において行われる①優越的な関係を背景とした言動であって、②業務上必要かつ相当な範囲を超えたものにより、③労働者の就業環境が害されるものであり、①から③のすべてを満たすものとしています。暴行・傷害などの身体的な攻撃はもちろん、脅迫・暴言・無視などの精神的な攻撃も含む、幅広い概念です。

　パワハラを行った従業員は、その被害を受けた者に対して不法行為に基づく損害賠償責任を負う可能性があります。さらに、会社も使用者責任として、その従業員とともに同様の責任を負うこともありますので、会社としてパワハラ対策を十分に講じておく必要性があります。

　また、令和2年6月施行の**労働施策総合推進法**の改正により、事業主に対してパワハラ防止のための雇用管理上の措置が義務付けられました（中小企業は令和4年3月までは努力義務）。具体的には、パワハラ防止のための事業主方針の策定・周知・啓発、相談・苦情に対する体制の整備、相談があった場合の迅速かつ適切な対応や被害者へのケアおよび再発防止措置の実施などが求められることになります。

具体的なパワハラの類型

　パワハラの代表的な類型として以下の6つがあり、いずれも優越的な関係を背景に行われたものであることが前提です。

① **身体的な攻撃**

　暴行や傷害が該当します。たとえば殴打、足蹴りを行ったり、物を

投げつけたりする行為が考えられます。

② **精神的な攻撃**

相手の性的指向や性自認に関する侮辱的な発言を含め、人格を否定するような言動や、業務上の失敗に関する必要以上に長時間にわたる厳しい叱責、他人の面前における大声での威圧的な叱責などが該当すると考えられます。

③ **人間関係からの切り離し**

自分の意に沿わない相手に対し、仕事を外し、長期間にわたって隔離する、または集団で無視して孤立させることなどが該当すると考えられます。

④ **過大な要求**

業務上明らかに不要なことや遂行不可能なことの強制が該当します。必要な教育を施さないまま新卒採用者に対して到底達成できないレベルの目標を課す、上司の私的な用事を部下に強制的に行わせることなどが該当すると考えられます。

⑤ **過小な要求**

業務上の合理性なく能力・経験・立場とかけ離れた程度の低い仕事を命じることなどが該当します。自ら退職を申し出させるため、管理

■ **上司によるパワハラと疑われる行為の例** ……………………………

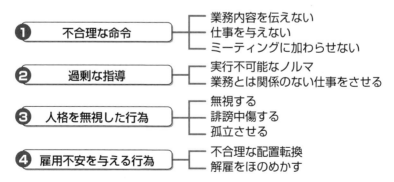

職に対して雑用のみを行わせることなどが該当すると考えられます。

⑥　個の侵害

　私的なことに過度に立ち入ることが該当します。合理的な理由なく従業員を職場外でも継続的に監視したり、業務上入手した従業員の性的指向・性自認や病歴、不妊治療等の機微な情報を、本人の了解を得ずに他の従業員に漏洩したりすることが該当すると考えられます。

　職場におけるパワーハラスメントに該当するかどうかを個別の事案について判断するためには、その事案におけるさまざまな要素を総合的に考慮することが必要です。一見パワハラに該当しないと思われるケースであっても、広く相談に応じる姿勢が求められます。

加害者と使用者はどんな責任を負うのか

　パワハラの加害者は、刑事上、行為態様によっては暴行罪（刑法208条）、侮辱罪（刑法231条）、強要罪（刑法223条）等が成立し、刑事罰を受ける可能性があります。民事上は、被害者に対して不法行為（他人の権利や利益を侵害する行為のこと）に基づく損害賠償責任（不法行為責任）を負います。また、従業員がパワハラを行った場合、会社も被害者に対して、損害賠償責任を負うことがあります。会社が負う損害賠償責任は、①使用者責任と②安全配慮義務違反（労働契約の債務不履行のひとつ）があります。

　①の使用者責任については、使用者（会社）がパワハラの加害者を雇用していることに基づく責任です。法律上は、会社が加害者の選任・監督について十分な注意を尽くしていたと認められる場合などは、使用者責任を免れると規定されています。しかし、免責が認められるケースは例外的といってよく、パワハラについて従業員に不法行為責任が成立する場合に、会社側が使用者責任を免れることはほとんどありません。

　②の安全配慮義務とは、会社が被害者である従業員との労働契約の

付随的な義務として負う「安全で働きやすい職場環境を形成する義務」のことです。会社が安全配慮義務を怠ったことでパワハラ被害が発生し、被害者に損害が生じたため損害賠償義務を負うことになるのです。

■ 考えられる法的手段と書類作成の注意点

会社に対してパワハラ被害を申告して損害賠償の支払いを求めても、会社がパワハラ行為の事実を認めず、それに伴う金銭支払いにも応じてもらえない場合は、次の段階として法的な措置を検討します。

・労働審判

労働審判の申立てを行う場合、申立書の「申立ての趣旨」には、就業環境の改善あるいは金銭の請求など、会社に求める事項を明示します。就業環境の改善と金銭の請求の双方を求める場合には、たとえば、二度といじめを受けないような就業環境を整備することと、上司によるパワハラ行為に対しての精神的苦痛に対する慰謝料と弁護士費用の合計金額を請求することを記載します。

申立書の「申立ての理由」には、雇用契約の内容とパワハラの内容を記載します。パワハラの内容は、いつ・どこで・誰から・どのような嫌がらせを受けたかの詳細を明記します。たとえば、申立人の所属する部署や業務内容、パワハラ行為の事実、メンタルヘルス疾患にかかり通院するまでの経緯を記載します。

また、パワハラは加害者と被害者のみしか知り得なかったり、口頭でなされたりすることがあり、その証明は難しいため、行為を客観的に確認できる証拠（録音テープや叱責内容を記載した書面、嫌がらせメールの内容など）をできるだけ多く準備します。

請　求　書

　私は平成○○年○月より当社の商品企画部に勤務している者です。令和○年○月頃から直属の上司である○○氏から連日のように嫌がらせや1週間以上にわたる徹夜での作業といった不当な命令を受けております。数回にわたって社内の職場相談窓口に相談しましたが、有効な対策は示してもらえませんでした。

　その結果、令和○年○月頃から、日常生活にも支障をきたすほどの体調不良を催すようになり、病院で受診したところ、重度のうつ病にあたると診断されました。

　私の相談に対して貴社が速やかに対策を実施して下されば、このような病状には至らず、貴社にも○○氏を使用する者としての責任があるものと考えます。つきましては、貴社に対して、治療代及び慰謝料として金○○○万円の支払いを請求致します。

　令和○年○月○日
　　　東京都○○区××○丁目○番○号
　　　　　　　　　　　○○○○　　㊞
　東京都○○区××○丁目○番○号
　　　○○株式会社
　　　代表取締役　○○○○　殿

調 停 申 請 書

<table>
<tr><td rowspan="6">関係当事者</td><td rowspan="2">労働者</td><td>氏名
（ふりがな）</td><td colspan="2">（ひろさわ　じゅんぺい）
広沢　順平</td></tr>
<tr><td>住所</td><td colspan="2">〒○○○-○○○○
東京都○○区○○丁目○番○号　電話　03（○○○○）○○○○</td></tr>
<tr><td rowspan="4">事業主</td><td>氏名又は名称</td><td colspan="2">（あかみね　たつや）
株式会社レッド　代表取締役　赤峰　達也</td></tr>
<tr><td>住所</td><td colspan="2">〒○○○-○○○○
東京都□□区□丁目□番□号○○ビル○階　電話　03（○○○○）○○○○</td></tr>
<tr><td rowspan="2">※上記労働者に係る事業場の名称及び所在地</td><td colspan="2">〒

　　　　　　　　　　　　電話　　　（　　　）</td></tr>
<tr><td colspan="2"></td></tr>
</table>

調停を求める 事項及びその理由	平成23年4月5日に入社し、ソフト開発業務に従事している。令和3年5月頃から、連日のように上司Aから口汚く罵られるなどのいじめ行為を受けるようになった。相手方の人事部に掛け合い、上司Aのいじめ行為をやめさせるよう求めたが、相手方は何ら対処を行わなかった。その結果、私は令和3年7月頃から体調を崩し、医師の診断を受けたところ、重度のうつ病と診断された。 　私としては、相手方が速やかに適切な対処を実施していれば、病気になることはなく、相手方の責任は大きいと考える。治療代及び慰謝料として金100万円の支払いを請求したい。また、いじめを防止し良好な就業環境を整備することを請求したい。
紛争の経過	令和3年1月頃より、上司からいじめ行為を受けていたが、職を失いたくないという気持ちがあり耐えてきた。しかし、2か月が経過し、いじめ行為は収まるどころか日に日にエスカレートしていった。そこで、令和3年7月10日に相手方の人事部に相談したが、話を聞き流すだけで、具体的な対策を検討してくれなかった。 　その後、私は体調を崩し、令和3年8月1日に精神科医の診察を受けると、重度のうつ病と診断された。私は、その医師のアドバイスにより調停を申請することにした。
その他参考 となる事項	主治医である精神科医より弁護士も紹介してもらっている。現在のところ、具体的な相談はしていないが、調停が合意に至らない場合には、弁護士と相談し、さまざまな法的手段も検討している。

令和3年 10月　1 日

東京　　申請人　　氏名又は名称　　広沢　順平　㊞

　　　労働局長　　殿

労働審判手続申立書

令和３年10月１日

東京地方裁判所　民事部　御中

〒○○○－○○○○　東京都○○区○○丁目○番○号
　　　　　　　　　　申　立　人　　　広　沢　順　平　　㊞
　　　　　　　　　　電話　　０３－○○○○－○○○○
　　　　　　　　　　ＦＡＸ０３－○○○○－○○○○

〒○○○－○○○○　東京都□□区□丁目□番□号○○ビル○階
　　　　　　　　　　相　手　方　　　　　株式会社レッド
　　　　　　　　　　同代表者代表取締役　　赤　峰　達　也
　　　　　　　　　　電話　　０３－○○○○－○○○○
　　　　　　　　　　ＦＡＸ０３－○○○○－○○○○

職場環境改善等請求労働審判事件
労働審判を求める事項の価額　　金160万円
ちょう用印紙額　　　　　　　　6500円

第１　申立ての趣旨
　１　相手方は、その従業員らをして、申立人に対し、申立人が精神
　　　的又は身体的苦痛を受ける言動をさせない措置を講ぜよ。
　２　相手方は、申立人に対し、金150万円及びこれに対する令和２
　　　年９月１日から支払い済みまで年３％の割合による金員を支払え。
　３　申立費用は相手方の負担とする。
との労働審判を求める。

第２　申立ての理由
　１　雇用契約の成立
　⑴　相手方は、コンピューターソフトの開発、販売等を業とする
　　　株式会社である。
　⑵　申立人は、平成23年４月５日、相手方に入社し、ソフト開発

業務に従事した。

【甲1（雇用契約書）】

2 いじめ行為

(1) 令和3年1月頃から、本来の仕事とは関係ないのに、会社の床掃除や窓掃除を命じられるようになった。そして、少しでも汚れが残っていると、上司Aから口汚く罵られるようになった。

【甲2（録音データ）】

(2) 相手方の職場において、毎日、申立人は、人格的尊厳が損なわれるような行為にさらされるようになった。

(3) そのため、申立人は、令和3年7月10日、人事部に掛け合い、上司Aにいじめをやめさせる旨を求めたが、「Aの行為は会社とは関係ない」と言うだけで、何ら対処を行わなかった。その後も何度か人事部に掛け合ったが、まるで取り合おうとしなかった。

申立人は、上記の経緯から令和3年7月頃から体調を崩した。そのため、令和3年8月1日、○○大学病院の精神科医の診察を受けたところ、重度のうつ病と診断され、以後通院を継続している。

(4) 相手方には、被用者が労務に服する過程で生命ないしは健康を害しないようにする、という職場環境配慮義務があるはずである。

今回、相手方はこの義務を怠ったといえる。そのため、使用者である相手方には不法行為が成立するものと考える。

(5) 以上から、申立人は、相手方に対して、(3)にある申立人の治療代および申立人が受けた精神的損害に対する賠償を求めるとともに、相手方に対して、いじめを防止し良好な就業環境を整備することを求めるものである。

【甲3（通院明細書）】

3 損害賠償請求権

前述したAの行為は申立人の人格的尊厳を不当に損害するものであるから、Aは申立人に対して不法行為責任を負い、Aの行為は職務遂行中に職務に関連して行われたものであるから、相手方は不法行為の使用者責任を負う。申立人に生じた損害は以下のとおりである。

(1) 慰謝料　100万円

(2) 治療代　20万円

(3)　弁護士費用　30万円
　　　合計150万円

第3　予想される争点及び争点に関連する重要な事実
1　本件の争点は、Aによる申立人へのいじめを、相手方が改善しなければならないか否かである。
2　職場環境配慮義務
　　会社には、被用者が労務に服する過程で生命および健康を害しないようにする、という職場環境配慮義務があるはずである。そして、相手方の人事部はその義務を怠ったことは明白である。

【甲4（申立人の陳述書)】

第4　申立てに至る経緯の概要
　申立人は、職場の上司に対して、口汚く罵ることをやめてほしいと頼んだが、かえって能力がないなどと誹謗を受けた。そのため、人事部に掛け合ったが、人事部は全く取り合おうとしなかった。
　申立人は、以上のような状況につき、主治医である精神科医からアドバイスを受け、相手方に対して本労働審判の申立てを行うに至った。

証拠方法

甲1号証　（雇用契約書）
甲2号証　（録音データ）
甲3号証　（通院明細書）
甲4号証　（申立人の陳述書）

附属書類

1　申立書写し　　　　　　　　　4通
2　甲1から4号証までの写し　　各2通
3　証拠説明書　　　　　　　　　2通
4　資格証明書　　　　　　　　　1通

申立人　広沢　順平
相手方　株式会社レッド

令和３年10月１日

証拠説明書

東京地方裁判所
労働審判委員会　御中

申立人　広沢　順平　㊞

号証	標目 （原本・写しの別）		作成 年月日	作成者	立 証 趣 旨	備 考
甲１	雇用契約書	原本	H23.4.5	相手方 及び 申立人	申立人と相手方 との間に平成23 年４月５日に雇 用契約が交わさ れたこと	
甲２	録音テープ	原本	（録音日） Ｒ３.１.11 Ｒ３.３.15 Ｒ３.５.９ Ｒ３.６.18	（録音者） 申立人	上司Aのいじめ を示す証拠	
甲３	通院明細書	原本	Ｒ３.８〜 Ｒ３.９	○○病院	申立人がうつ病 の治療代として 20万かかったこ と	
甲４	申立人の 陳述書	原本	Ｒ３.９.30	申立人	本件申立ての 経緯など	

パワハラやセクハラが原因で治療を受けるには

健康保険と労災保険から必要な給付が行われる

どんな制度が利用できるのか

　パワハラやセクハラが原因で精神疾患などの治療などを受ける場合には、会社の健康保険や労働者災害補償保険（労災保険）を利用することができます。両者の違いは、精神疾患の原因が業務上か業務外かという違いがあります。労働基準監督署が、精神疾患の原因がパワハラやセクハラと判断した場合には、労災保険が適用されます。労災保険の方が、健康保険よりも給付の内容や金額が充実しています。

労災保険とは

　業務災害は、労働者が業務中に病気になったり、ケガを負ったり、あるいは死亡してしまうことです。労働者災害補償保険法は、仕事中の事故が業務災害に該当する場合に、労働者に対して保険金を給付することを定めています。具体的には、労働者が業務災害に遭った場合には、①療養補償給付、②休業補償給付、③障害補償給付、などの内容の給付金を交付することになっています。

① 療養補償給付

　たとえば、業務中の事故が原因で労働者がケガをし、または病気にかかり、指定病院（労災保険が使える病院）で診てもらった場合、療養補償給付として、無料で治療が受けられます。当然、パワハラやセクハラが原因の精神疾患も対象です。療養補償給付の内容としては、治療費の他、入院料や介護の費用など通常療養で必要な費用も含まれます。原則としてケガや病気が治るまで給付を受けることができます。

② 休業補償給付

業務中のセクハラやパワハラなどが原因で精神疾患になり、会社を休職し、給料を受けられない場合、労働者は労災保険から休業補償給付を受けることができます。この場合、休業した日の４日目から給与の補償として休業補償給付と休業特別支給金が支給されます。

③　障害補償給付、

　セクハラやパワハラなどによるメンタルヘルス疾患で治療を受けた場合に、病気が治った（治癒）としても、一定の障害が残ってしまうことがあります。そのような場合にその障害の程度に応じて支給される労災保険の給付が障害補償給付です。障害（補償）給付は、第１級から第14級に分かれ、等級に応じて障害（補償）年金もしくは障害（補償）一時金が支給されます。セクハラやパワハラでは、病気が治ったと判断することが難しい疾患であるため、障害補償給付を受けるケースは少ないようです。

健康保険とは

　健康保険は、業務外の事由により病気となったり、ケガをした場合に保険給付を行います。具体的には、①療養の給付、②傷病手当金、などの給付があります。なお、精神疾患の労災認定は、時間もかかりますし、労災認定されない可能性もあるため、いったん健康保険から給付を受ける場合もあります。

①　療養の給付

　労災保険の療養補償給付にあたる給付です。労災保険と異なる点として、治療費の一部を自己負担することが挙げられます。一部自己負担割合は、治療費の２～３割で年齢によって異なります。

②　傷病手当金

　労災保険の休業補償給付にあたる給付です。業務外の病気やケガで労働できず休業する場合に申請します。

妊娠を理由とする降格を違法とするマタハラについての最高裁判決

　マタニティハラスメント（マタハラ）とは、妊娠・出産・育児休業などに関係するさまざまな嫌がらせや不利益な取扱いのことです。

　たとえば、採用の際に「妊娠・出産の予定はないか」と質問する、産前産後休業や育児休業を請求すると嫌な顔をする、職場復帰の際に勤務を継続できないような遠隔地の部署への異動を言い渡す、「妊娠・出産すると残業や出張ができないから困る」などと言い、遠回しに退職を勧奨するといったことが挙げられます。この他、妊娠で体調を崩し短時間勤務や職場変更を求めている女性について、「妊娠は病気ではない」などと言って要求を拒否する、非正規雇用の女性について、妊娠や出産を理由に契約更新をしないことなどもマタハラに該当します。

　マタハラに遭った女性の中には「退職を余儀なくされた」「降格させられた」「体調を崩した」「流産した」など、重大な被害を受けている人もおり、社会的にも看過できない問題として注目されています。この点については、平成26年10月23日に「妊娠をきっかけとする降格は、特段の事情がない限り、男女雇用機会均等法に違反する」と判断した最高裁判決が注目されています。この最高裁判決は、マタハラに対するひとつの指針となります。

　最高裁判決を受けて、厚生労働省は、平成27年1月23日に男女雇用機会均等法と育児・介護休業法の解釈通達（国の行政機関や地方自治体が法令をどのように解釈するかを示したもの）を改正しました。これによると、妊娠・出産・育児休業などを契機として不利益な取扱いが行われた場合、原則として妊娠・出産・育児休業などを理由として不利益な取扱いが行われたものとして扱われます。

　マタハラを防止するため、企業側は、セクハラやパワハラなどの場合と同様に、厚生労働省が示した指針に従って、ハラスメント対策をとることが求められるといえます。

第8章

過労死と労災認定・労働審判の手続き

1 過労死は労災である

労災申請は労働者と遺族の権利である

過労死とは何か

　昨日まで普通に生活していた人が、脳内出血や脳梗塞などの脳血管疾患、心筋梗塞や狭心症などの虚血性心疾患といった病気を発症し、突然亡くなってしまうことがあります。これらの病気は、その人のもともとの体質や持病などの他、日常生活の積み重ねや突然の衝撃など、さまざまな要因によって起こるわけですが、働き過ぎ（過労）や仕事上のストレスがその要因のひとつになっていることがあります。長時間労働や不規則勤務、過酷な労働環境、上司や同僚・顧客との人間関係のもつれ、厳しいノルマなどが肉体的な疲労や精神的な負担を蓄積させ、死に至るような病気を誘発してしまうのです。これを**過労死**と呼んでいます。

　なお、過労によってこれらの病気を発症し、命は取りとめたものの、半身不随や言語障害など重度の障害を負ったというような場合も含めて「過労死」と呼ぶこともあります。

過労自殺も過労死である

　働き過ぎやストレスは、労働者の肉体に疲労を蓄積させ、変調をきたす原因となるだけでなく、精神にも大きな負担をかけ、メンタルヘルス不調をきたすことになります。このような場合に発症する可能性があるのが、「うつ病」です。

　うつ病は「心のかぜ」などとも言われ、誰もがかかる可能性のある病気です。投薬治療などによって回復する病気ですから、必要以上に恐れることはありませんが、その症状のひとつとして「自殺念慮（自

殺したいという願望を持ってしまうこと）」があるという点で注意を要します。過労が原因でうつ病を発症し、そのために自殺してしまうケースが多発しているのです。このような自殺は「過労自殺」「過労自死」などと呼ばれ、過労死の一種と認識されています。

労災にあたるということ

　仕事上の事故や業務の過程においてケガや病気を負って治療が必要になったり、治癒しない障害が残る、場合によっては死に至ることを**労災**（労働災害）といいます。一般には、「社用車で営業活動中に事故に遭った」「倉庫での作業中に荷物が崩れてきた」「仕事で扱う化学物質の影響で中毒症状を起こした」などのように、業務と直接かかわりのあることが原因となって労働者に起こった災害が労災にあたるという認識です。しかし、過労死や過労自殺のように、一見すると労災とは言えないような事態も同様に、業務とのかかわり合いで起こるものなので、労災にあたる場合があります。

労災には労災保険が適用される

　労災に遭った労働者やその遺族に対して補償を行うのは、本来、会社であるべきですが（労働基準法第8章）、会社の規模や経営状況などから、労働者やその遺族に補償を行うことが難しい会社も存在します。そこで、労災に遭った労働者やその遺族が生活に困窮するなどの事態が起きないように、国が補償を行うものとして整備されたのが**労災保険（労働者災害補償保険）**の制度です。

　労働者の傷病（負傷・疾病）や死亡が労災によるものと認められれば、会社の補償能力とは関係なく、労働者やその遺族は労災保険からの補償を受けることができます。そして、過労死も労災によるものとして扱われる場合がありますから、労災認定されると労災保険の給付を受けることができます。

労災申請をするための準備

　労災保険の給付を受けるためには、まず所轄の労働基準監督署長に対して申請（労災認定の申請）をしなければなりません。申請の際には、次のような準備が必要です。

① 所定の申請書類の準備

　労災保険給付の手続のための申請書類は、労働基準監督署で入手することができます。

　労働者が業務と直接かかわることが原因で傷病（負傷・疾病）を患ったと考える場合、治療やその費用を請求したいときは療養補償給付、休業中の生活費を請求したいときは休業補償給付、傷病が治癒したが身体・神経機能・精神に障害が残ったときは障害補償給付、を請求するための書類を入手します。一方、労働者が過労死した場合には、遺族が遺族補償給付を請求するための書類を入手します。

　この際、申請書類の提出時に必要になる添付書類などについても、あわせて確認しておくとよいでしょう。

② 記入内容の情報整理と添付書類の準備

　申請書類には、傷病が発生した日時やその発生状況、治療を受けた病院や医師の診断内容などを詳細に記入しなければなりません。特に過労死の場合、死亡の結果が過労を原因として起こったことを認めてもらわなければなりませんので、過労死する前の半年間程度の1日の平均労働時間や平均休日数など勤務実態がわかる資料の他、関係者から得た情報をまとめた資料などを準備する必要があります。

　また、申請の際には給付の種類によって、戸籍謄本や死亡診断書などの公的な書類が必要になることがありますので、忘れずに入手しておきましょう。

③ 相談先の検討

　労災保険給付の手続は、労働者本人はもちろん、会社や労働者の家族が代行することもできます（遺族補償給付は労働者の遺族が申請者

となります）。労災であることが明確なケースであれば、大きな問題もなく労災が認定されるはずですが、会社側と言い分が食い違って労災と認定されない可能性があるケースでは、申請書類の提出だけでなく、会社側との関係や訴訟手続などさまざまな問題を抱えることになります。このような場合、経験の少ない労働者やその家族だけで解決するのは非常に困難ですので、相談できる場所を検討しておくとよいでしょう。

どんな相談機関があるのか

労災関係の相談機関としては、次のようなところがあります。それぞれに対応できる内容や得意分野がありますので、抱えている事情や課題に対応してもらえる機関を選んで相談してみてください。

① 労働基準監督署

各地の労働基準監督署には相談窓口が設置されており、専門職員が

■ 聞き取り対象の選定 ·····················

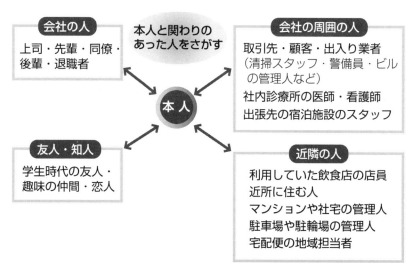

労災関係を含めたさまざまな労働関係の相談を受け付けています。労災保険の内容がわからない、労災認定の申請の仕方を教えてほしいなど、一般的な相談であれば、ここで対応してもらうとよいでしょう。

② **各種団体**

労災関係の問題にはさまざまな団体が取り組んでおり、それぞれが設立目的に応じて、労災申請の協力やカウンセリング、会社側との交渉などの活動を行っています。以下におもな団体名とホームページのURLを紹介します。

・公益財団法人労災保険情報センター（https://www.rousai-ric.or.jp/）
・働くもののいのちと健康を守る全国センター（https://www.inoken.gr.jp/）
・過労死110番全国ネットワーク（https://karoshi.jp/）

③ **専門職**

会社側との交渉や裁判といった難しい局面になった場合、弁護士や社会保険労務士など、法律面からサポートしてもらえる専門職に依頼する方が安心です。ただ、相談料を含めた費用がかかりますので確認してから依頼しましょう。

④ **労働組合**

過労死を含めた労災は会社で起こることですから、他の労働者にとっても人ごとではありません。このため、労働組合が労働者からの相談や会社側との交渉などに対応していることがあります。社内の事情に詳しく、交渉の経験も豊富ですので、心強い味方となってもらえるでしょう。

▌労災申請の費用はどうなっているのか

労災保険の給付を申請する際に、提出先である労働基準監督署の窓口で用意すべき費用は特にありません。申請書類も無料で受け取ることができます。

ただ、戸籍謄本や死亡診断書などの添付書類が必要になる場合は、その発行手数料を自己負担しなければなりません。また、被災労働者の過労の実態を証明するための調査にかかった費用などについても、給付の対象とならず、自己負担になります。

　さらに、弁護士や社会保険労務士に申請書類の作成や会社側との交渉などの依頼をした場合は、その報酬も自己負担となります。報酬額は相談回数や調査などの回数、交渉が成功したかどうかなどによって違ってきます。場合によってはかなり高額になることも予想されますので、必ず事前に確認するようにしましょう。

▌労働基準監督署の判断を待つ

　労災保険の給付申請がなされると、労働基準監督署は、労働者の傷病や死亡が本当に労災であるかどうかを検討します。ここで労災と認定されれば、保険給付を受けることができます。結果が出るまでの期間は３～６か月程度が一般的ですが、判断の難しいケースなどでは、１年から３年近くかかることもあるようです。

　一方、労災が認定されなかった場合は、保険給付を受けることができません。しかし、労災の不認定の納得できなければ、不服申立てや訴訟手続によって、再度検討するように求めることができます。

■ 労災申請の準備とかかる費用……………………………………

```
┌─── 書　類 ───────────┐   ┌─── 専門家に依頼した場合 ───────┐
│ 申請書…………無料        │   │ 書類作成代行…報酬             │
│ 戸籍謄本………発行手数料  │   │ 交渉……………報酬             │
│ 死亡診断書……発行手数料  │   │ 調査…………交通費などの実費  │
└───────────────────────┘   └──────────────────────────────┘

┌─── 調　査 ───────────┐
│ 交通費など………実費      │
└───────────────────────┘
```

どんな書類を準備するのか

給付を受けたい労災保険の種類に応じた書類を準備する

申請時に必要な書類にはどのようなものがあるか

　労災保険の給付を申請する際には、請求書（申請書）や添付書類などのさまざまな書類が必要となります。請求書にはいくつかの種類がありますから、該当するものを選びます。

　たとえば、被災労働者の死亡を理由とする遺族補償年金を請求する場合は、遺族補償年金支給請求書（255ページ）を提出します。遺族が遺族補償年金を請求する際は、受給資格を証明するため、被災労働者の収入によって生計を維持していた旨（生計維持関係）を証明できる書類が必要です。また、遺族補償年金を受給する遺族が、急に資金を必要とする場合などは、1回に限り、遺族補償年金前払一時金（支給金）請求書を提出することで、遺族補償年金の前払を請求することができます。

　一方、遺族の中に遺族補償年金の受給資格者がいないといった事情により、遺族補償年金ではなく遺族補償一時金を請求するときは、遺族補償一時金請求書を提出します。

　さらに、葬祭料の支払いを請求するときは、葬祭料請求書を提出します。提出の際は、埋葬許可証なども含めた葬祭執行証明書も添付します。葬祭料の支給対象者は、葬祭を実際に行った者です。原則としては被災労働者の遺族ですが、遺族が葬儀を行わない場合は、遺族以外に葬祭を行った者（会社でもよい）が支給対象者となります。

　なお、上記の各申請書に共通する添付書類として、たとえば、被災した労働者が死亡した事実とその年月日を証明する書類（死亡診断書、死体検案書、検視調書など）、被災した労働者と請求者との身分関係

を証明する書類（戸籍謄本、戸籍抄本など）が挙げられます。また、請求書や添付書類とともに提出した方がよい書類として、申立書や意見書があります。

会社に協力してもらう必要のある書類とは

申立書や死亡診断書、戸籍謄本、生計維持関係を証明できる書類などを揃える際には、原則として会社の協力は不要です。しかし、遺族補償年金、遺族特別支給金、遺族特別年金の請求書には、会社側（事

■ 過労死の場合における労災申請の手順 ………………………

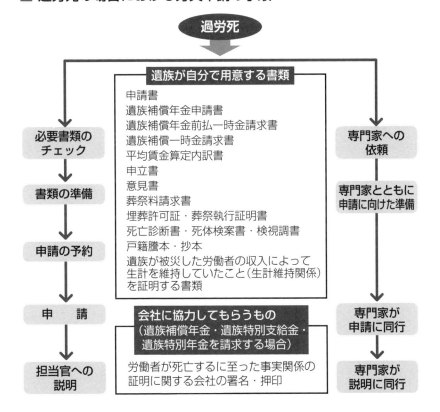

業主）の証明が必要になる欄があります。したがって、労災認定の申請を準備するときに、会社側に労働者が死亡するに至った事実関係を証明するように要請する必要があります。ただ、場合によっては会社側が証明を拒む場合もありえます。というのも、自社の労働者（従業員）に労災が適用されると労災保険（労働災害補償保険）の掛け金が高くなったり、企業イメージが著しく低下するといったことを恐れる会社があるからです。会社側が労災の事実を証明することを拒んだ場合には、会社の署名・押印がなされないままでも、そのことを記載した上で、申請書を提出することができます。

■ 準備ができたら申請にいく

　申請に必要な書類がそろったら、被災労働者が勤めていた会社の所在地を所轄する労働基準監督署長に請求書や添付書類などを提出します。労働基準監督署（労基署）では労災課あるいは労災補償課が担当部署となります。労災（補償）課は、労働者の傷病や死亡が労災の対象となるか、労災保険の給付内容が適正なものかといった事項を扱う部署です。申請日当日は、対応する係員が状況を具体的にイメージできるように、申請の趣旨をわかりやすく説明し、事態の深刻さを理解してもらうように努力しましょう。そのためには、申立書や意見書に図案や写真などを入れておく工夫も大事です。係員には、後日担当官が決まったら連絡してもらえるように依頼します。担当官が決まったとの知らせを受けたら、すぐにその担当官と連絡をとって、もう一度労基署に出向きます。その際には、申請日に対応した係員に説明した内容をもう一度、担当官に説明することになります。

　なお、労災関係については専門的な知識が必要となる場面が多いので、可能な限り請求代理人として同席してもらえるように専門家に依頼する方がよいでしょう。請求代理人がいる場合は申請日だけでなく、担当官に説明する際も同席してもらうようにします。

3 申立書はどのように書けば よいのか

感情的にならずに事実を記載するように注意する

書式の項目に従って情報を収集して作成する

　労災保険の給付を請求するための提出書類は請求書と添付書類です。たとえば、過労死の場合には遺族補償年金支給請求書（255ページ）もしくは遺族補償一時金支給請求書と添付書類を提出します。

　ただ、労働基準監督署に備え付けてある書式は、労災の発生原因や発生状況を書く欄が少ないため、労働者が過労死するに至った経緯や労災の起きた状況を具体的に記載できません。そこで、労災申請をする際には、所定の請求書や添付書類の他に、労災認定を求める申立書を提出するのが通常です。

　申立書を提出する場合には、請求書の方には「別紙記入」と断り書きを入れて、詳細は申立書に書くようにします。申立書は、書式（235ページ）の項目に沿って書けばよいでしょう。各項目を書くときに必要となる情報は事前に集めておく必要がありますから、いきなり申立書を書くのではなく、最初に書式の内容を一読し、申立書を書くのに集めておくべき情報について確認するようにします。たとえば、関係者から労働実態についての聞き取りを行ったり、証拠を集めておくといった準備が必要となります。

　申立書を書く際には、次のような順番で書き進めることとなりますので、参考にしてください（次ページ図）。

・誰が、何が原因で、いつ、死亡したのかという事実を記載する
・労働者の死亡が業務に起因するものであると考える根拠を示す
・労働者の死亡が業務に起因するものであると考える根拠の詳細を根拠ごとに説明する

作成時に特に注意すべきこととは

　被災した労働者のことを思うと、残された遺族としては、会社に対する憎しみや悲しさなどで、申立書には感情的な表現をしたくなるところです。しかし、労災認定を得て保険給付を受けるためには、担当官に事実を正しく把握してもらうことが必要ですから、申立書には事実を書くようにします。遺族としての心情については、意見書という形で提出するようにして、申立書には労災の発生原因や発生状況を裏付けるための事実をなるべく詳しくかつ客観的に記載するように留意してください。

　事実を記載する際には、業務に起因すると考える根拠をすべて書き出すようにして、特に重要と思われるものについては、独立した章立てをした上で、詳細を書くようにします。また、実際に担当官との応答時に聞かれる可能性のある事柄を想定した上で、否定すべき事項については、申立書にも記載しておきます。たとえば、被災した労働者の病歴については、その状況を正しく書くようにしておきます。過去に病気にかかっていても、完治していれば完治した事実を日時とともに記載しておきます。何らかの基礎疾患があった場合には、その治療方法と状況についても記載し、病気をきちんとコントロールしながら働いていた事実を記載するようにします。なお、申立書には専門的な知識が必要とされる場合が多くありますから、作成時には専門家や支援団体に相談した方が安心でしょう。

■ **申立書の書き方** ……………………………………………………

労働者死亡に関する 具体的な事実の記載	根拠の明示	根拠の詳述
❶ → 誰が 　　何が原因で 　　いつ	❷ → 労働者の死亡が 　　業務に起因する 　　ものであると考える 　　根拠を述べる	❸ → ②の根拠の詳細に 　　ついて順を追って 　　説明する

東京労働基準監督署長　殿

　　　　　　　　　　　　　　令和３年１月16日
　　　　　　　　請求人
　　　　　　　　　住所　　東京都品川区西品川３−８−４
　　　　　　　　　氏名　　朝井　昌子
　　　　　　　　　連絡先　03−3456−6543
　　　　　　　　請求代理人
　　　　　　　　　社会保険労務士　××××
　　　　　　　　　連絡先　03−○○○○−○○○○

朝井明夫の「くも膜下出血」の労災認定を求める申立書

１　申立ての趣旨

　朝井明夫は、株式会社東西商事に、商品企画部部長として在籍しておりましたが、令和２年12月６日、くも膜下出血により死亡しました（享年54歳）。朝井明夫の配偶者である朝井昌子は、以下の理由により、夫亡朝井明夫の死亡は、業務に起因するものであり、労働者災害補償保険の遺族補償年金の給付を受けることができるものと考えております。

① 　時間外労働：発症に至るまでの１年間、月平均100時間超の時間外労働を行っていた。
② 　休日出勤：休日出勤により、月間休日が平均２日程度しかなく、疲労困憊していた。
③ 　社内での職責：商品企画部の部長職であり、同社の経営の社運をかけた新商品開発の重責を担い、過度のストレスを感じていた。

④　近時の仕事量：部長職としての管理業務のみならず、会社の
　人員整理に伴う部下の減少により、事務作業も担う必要があ
　り、仕事量が激増していた。
⑤　健康診断の結果：令和元９月24日に実施した健康診断および
　脳ドック診断では異常が全く確認されなかった。

　そのため、遺族補償年金支給請求書とともに、業務起因性につ
いて詳細に記載した本申立書を提出いたします。

2　申立ての理由
①　履歴
　・氏名、住所等
　　氏名：朝井明夫
　　住所：東京都品川区西品川３－８－４
　　生年月日：昭和41年４月10日（享年54歳）
　　死亡年月日：令和２年12月６日
　　死亡病名：くも膜下出血
　・生前の病歴等
　　朝井明夫は学生時代より野球部に所属し、体力には人一倍自
信を持ち、社会人になってからも毎週日曜日にはジョギングをし、
酒・タバコも嗜まず、食生活にも留意しており、風邪もひかない
ような健康体であった。さらに、１－⑤に記載した通り、直近の
健康診断においても異常は全く確認されていなかった。
②　職歴
　　大学を卒業後、株式会社東西商事に入社し、営業部、商品企
画部と歴任してきた。株式会社東西商事の概要・事業内容およ
び朝井明夫の業務内容は、下記の通りである。
　　　　　　　　　　　　記

・株式会社東西商事の概要

本店所在地　東京都新宿区東新宿１－２－３

昭和40年設立、資本金２億円

企業理念「法令を遵守し、事業に関わるすべての人が幸せに
なる」

・株式会社東西商事の事業内容

ＯＡ機器を中心とする家電・オフィス機器の卸売

・株式会社東西商事での朝井明夫の業務内容

平成元年４月１日〜平成20年３月31日（営業部第二営業課、
業務内容：販売代理店へのＯＡ機器の卸売）

平成20年４月１日〜平成23年３月31日（商品企画部企画課、
業務内容：新製品の開発）

平成23年４月１日〜令和２年12月６日（商品企画部部長、業
務内容：新製品の開発および製造管理ならびに部下育成）

③　くも膜下出血の発症時の業務内容と労働実態

・業務内容

新製品の開発および製造管理ならびに部下育成

・所属部署の体制

商品企画部には企画課（５名）と製造課（27名）がある

・朝井明夫の役職、職務

商品企画部部長　企画課と製造課の統括

・業務時間、通勤時間

株式会社東西商事の就業規則では、以下の始業・終業時刻、
休憩時間が定められている。

始業時刻：９時00分、終業時刻：18時00分

休憩時間：12時00分〜13時00分

通勤時間：徒歩10分を含む１時間20分（片道）

・発症６か月前からの時間外労働の実態

タイムカードの打刻状況により以下の労働実態が判明している。

　2か月〜6か月前：1か月間の時間外労働の平均が100時間を超えていた。

　1か月前：1週間に1回程度徹夜し、休日も毎日出勤していた。

　1週間前：1日おきに徹夜勤務をし、その翌日も午前0時頃まで勤務していた。

　発症前日：午前4時まで勤務後会社で仮眠を取り翌日午前9時より勤務開始した。

・労働環境

　朝井明夫は、新製品の開発につき恒常的にプレッシャーがかかっており、発症当日の会議でも、新製品開発の遅れにつき、上司から高圧的な叱責を受けていた。また、部下の大半は自主的に業務を遂行するほどの職務能力を持ち合わせておらず、朝井明夫からの指示が業務を遂行する上で必須であった。また、経営不振を理由に、3か月前から部下として勤務する社員が企画課で2名、製造課で14名減少しており、事務的な作業も部長職の朝井明夫が対応していた。なお、管理監督者のため、時間外手当や休日手当は支給されていない。

④　近時の自宅での状況

　数週間前から、徹夜でない日も午前2時前後に帰宅することが多く、食事のときも生気が感じられず、ときどき頭痛を訴えていたが、通院を勧めても会社を休めないことを理由に通院しなかった。

⑤　業務と発症の因果関係

　医師の意見によると、朝井明夫は、長期間の疲労蓄積により血圧が不安定となり、過度のストレスにより動脈が破裂したと見られ、朝井明夫の死亡は厚生労働省の「脳血管疾患及び虚血性心疾患等の認定基準」に基づく業務上疾病による死亡といえる。

4 意見書とはどんな書類なのか

さまざまな立場の人に作成を依頼して申立書に説得力を持たせる

どんなことを書けばよいのか

労災保険の給付を請求する際に、家族として**意見書**を書く場合には、さまざまな立場の家族の視点から、被災した労働者の人物像と仕事の状況や大変さなどを訴えるように書きましょう。

たとえば、配偶者が書く場合には、被災した労働者の帰宅が遅い日々が続いていたことや、突然生活が変わって将来に不安を持っている現在の心境などを書くことが考えられます。また、被災した労働者の子が、親が大変そうであった状況や、家族思いの親であったことなどを書くと、配偶者や親とはまた異なる印象を与える場合があります。被災した労働者が生来健康であった場合に、その業務についてからの変貌ぶりについて残された親が書くと、長年自分の子を見てきた者が書くだけに、説得力を持たせることができるかもしれません。

このように、被災した労働者の人物像やエピソード、家族の無念な思いなど、家族が書いた意見書には、申立書に記載した事項に具体的なイメージを与え、説得力を増すものとなりますから、思いをこめて丁寧に書くようにしてください。

誰に何を書いてもらえばよいのか

労災保険の給付を請求する際は、労災認定に必要な情報を持っていると思われる人にも積極的に働きかけて、意見書を書いてもらうとよいでしょう。医師が医学的見解を述べた意見書は、労基署の担当官も重視する書類です。かかりつけ医や業務に起因すると見られる症状が出た際に初診した医師などに、意見書を書いてもらうとよいでしょう。

被災した労働者（被災者）の状況がどれほど大変なものであったか
を説明するためには、被災者と親しかった社外の友人や同業他社の人、
退職したばかりの人に意見書の作成を依頼するとよいでしょう。社外
の友人や同業他社の人であれば、被災者の会社を気にして真実を述べ
ることができないという事情もありません。友人の場合には、労働環
境について相談している可能性がありますから、できる限り協力して
もらいましょう。同業他社の人には、同種の仕事をする者として被災
者がどれほど大変な状況にあったかを説明してもらうことがポイント
です。退職した直後の人も、その会社から圧力を受ける可能性が低い
ため、比較的自由な立場から意見を書いてもらえる場合が多いといえ
ます。しかも、被災者の置かれていた状況に関する記憶も最近のもの
となりますから、説得力があります。

　しかし、職場の上司や同僚、部下の場合には、会社の意向を気にし
たり自分の立場を考える場合が多く、なかなか協力を得られない可能
性があります。しかし、会社における被災者の労働環境や状況を一番
よく知っているのは彼らです。あきらめずに、まずは意見書の作成を
依頼してみるべきでしょう。特に上司には、被災者に指示していた内
容や被災者が置かれていた状況について、詳しく書いてもらうように
依頼すべきです。

どんなことに注意してかくのか

　家族が意見書を作成する場合には、被災者の人柄がわかるような写
真、趣味で作った作品やその写真などを添える一方で、亡くなる直前
の様子がわかる写真や、直前に書かれた日記、メール、メッセージア
プリの内容などを添える工夫も大事です。医師に意見書の作成を依頼
する際には、すでに作成した申立書やその他の証拠資料などをそろえ
た上で、どのような事情で労災申請をしようとしているのかを説明し、
こちらの意図をよく理解してもらった上で作成してもらうようにしま

しょう。

　親しい友人に依頼する場合には、被災者が友人に語っていたことやメールや手紙などの証拠となりそうなものは見せてもらい、可能であれば譲り受けた上で提出するとよいでしょう。同業他社の人に依頼する場合には、特に同業者から見ても、被災者の状況が過酷であるといった意見は重要です。退職した直後の人に依頼する場合、特にその人が被災者と同様の職務を行っていて、過酷な労働環境に耐えかねて退職した、といった事情がある場合には、労働環境、会社側の改善状況などについての詳細を踏み込んで書いてもらうようにしましょう。

　しかし、職場の上司や同僚、部下に依頼する場合、依頼もせずに諦める必要はありませんが、本人たちが協力できないと申し出た場合には、無理強いは禁物です。匿名での協力を依頼したり、遺族が本人たちから聞き取った内容を聴取書という形でまとめあげる方法をとることも検討しましょう。

　また、協力できないと伝えてきた職場の人のリストを作成し、労基署の担当官に聞き取りをしてほしいことを、その理由とともに示して提出するのも一つの方法です。

■ 意見書作成の依頼候補者と選定・内容のポイント ·················

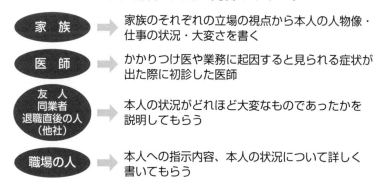

労災認定された場合にはどうする

労災認定と会社に対する責任追及は別の問題である

労災認定とは別に会社への責任追及を行う

　労働者がケガや病気になったり、死亡した原因が労災であると認定されるまでには、さまざまな紆余曲折があります。特に過労により死亡に至った場合や、仕事上のストレスでうつなどの精神疾患を発症したような場合、その原因が業務である（業務上の疾病である）ことを示す証拠を探す作業は、精神的にも肉体的にも大きな負担がかかります。そのような時期を乗り超えて労災認定を受けると、経済的にはもちろん、精神的にも大きな安心感が得られるでしょう。まずはゆっくりと心と体を休めることを考えるのも必要なのかもしれません。

　ただ、労災認定を受けたことで、すべてが解決したと安心するわけにはいかないのが実際のところです。それは療養補償給付や休業補償給付などの労災保険から支給される補償だけでは損害の全額が補てんされないことや、会社に過失がある場合の慰謝料などが含まれていないといった問題が残されているからです。労災認定を受けても、労災保険の給付は業務上の傷病や死亡（または通勤上の傷病や死亡）に対する補償ですが、労災認定によって会社の落ち度が認められたわけではありません。そのため、会社に何らかの落ち度があることが原因で、労働者が負傷したり、精神疾患になったり、過労自殺や過労死に至ったりしたと考えられる場合には、会社に対する責任追及を別途行う必要があります。たとえば、代表者や役員によるセクハラを認識しながら、これを防止する措置が取られなかったときは、会社に対する責任追及が認められる場合があります。また、労働者が傷病を負う危険がある職場環境であることを認識していながら、これを放置していた場

合にも、会社に対する責任追及が認められる場合があります。

　労災認定を受けると、被災した労働者の傷病や死亡が会社の業務に起因して発生したことが公的に認められますが、会社がどの程度自身の責任を認めるのかはわかりません。その内容によっては、労働者側（労働者やその遺族）が享受できる結果が大きく違ってきますので、できるだけ労働者側の言い分を正当に認めてもらうことができるよう、会社側と交渉することが必要になってきます。

会社との交渉にあたっての確認事項

　会社側との交渉の場では、次のような点を確認してください。

①　就業規則などに労災認定に伴う「上積み補償」の制度があるか

　会社によっては、就業規則などで、労災認定された場合の特別一時金の支給や退職金の上積み支給といった「上積み補償」の制度を定めているところもあります。

　通常は会社側から申請書類などを提示してくれるはずですが、労働者側が言い出すまで放置している会社もありますので、制度があるかどうか、あるならばどのような形で支給されるのかといったことを、交渉の場できちんと確認しておきましょう。できれば専門家などの協力を得て、事前に会社の就業規則などに目を通しておくとよいでしょう。

②　団体保険に加入しているか

　各損害保険会社では、法人向けの保険商品として団体保険を販売しています。その中には労災補償に備えるための団体保険（総合福祉団体定期保険など）もあり、会社が加入している可能性があります。団体保険では、保険金の受取人が会社になっているのが一般的ですが、その支給目的は労働者側への補償のためとなっている場合もありますので、できれば確認しておきたいところです。

③　どのような形で会社側の責任を認めるのか

　会社が労災について落ち度を認めるのか、認めるならば誰がどのよ

うな形で労働者側に謝罪するのか、労働者側に支払われる慰謝料や損害補償の額をどの程度とするのかといった事項を確認します。労働者側の思いと食い違う場合は、双方が納得いくまで交渉を重ねることになります。

民事訴訟を起こす場合とは

　会社と交渉を重ねても、望むような形で謝罪をしてくれなかったり、損害賠償額について合意できないといったことがあります。このように、当事者間の交渉が決裂した場合には、裁判所に対して民事訴訟や労働審判を起こすという方法があります。

　民事訴訟を起こすと、会社が安全配慮義務を果たしていたかどうかが法廷の場で審理され、治療費や休業補償などの他、労災が起きなければ支給されていたはずの給料（逸失利益）や、義務違反の内容に応じた慰謝料などについても、一定の計算方法に基づいて導き出されます。民事訴訟を起こすと、弁護士への依頼料なども含め、多額の費用がかかりますし、証拠集めなども含め、解決までには相当の手間と時間がかかりますから、労働者側にとっても大きな負担です。場合によっては、いわれのない中傷を受けることがあるのも現実です。このため、あえて訴訟を起こすことはしないというのも一つの選択でしょう。

　しかし、労災に対する責任を認めようとしない会社に対し、その責任を肯定する判決を得ることができれば、労働者側は納得することができますし、労働環境を整備するよう行政や他の会社に対し警鐘を鳴らすといった効果を期待することもできますので、必要があると思う場合は訴訟の提起を検討してみてください。

労災認定がされなかった場合の対処法

　所轄の労働基準監督署長に労災申請をしたが、労災であると認定されなかった場合であっても、そこであきらめなければならないわけで

はありません。

　まず、労災不認定に不服がある場合は、都道府県労働局の労働者災害補償保険審査官に審査請求を行うことができます。さらに、労働者災害補償保険審査官の決定（審査請求を認めない決定など）に不服がある場合は、労働保険審査会に再審査請求をするか、または再審査請求を経ずに行政訴訟（原則として労災不認定の取消しを求める訴訟）の提起ができます。再審査請求の裁決があった後に行政訴訟を提起することも可能です。

　ただ、上記の不服申立てや行政訴訟を経ても労災認定を受けることができない事例も残念ながらあります。この場合、労災保険給付を受けることはできなくなります。しかし、行政や裁判所が「労災」と認めないのは、法的に労災であると認定するための条件や証拠などが整わなかったためです。労働者やその遺族に何らかの問題があったからというわけではありません。

■ 労働者の自殺と会社の責任

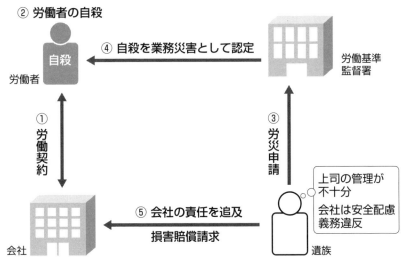

会社と折り合いがつかない場合には労働審判の申立てをする

損害賠償額の折り合いがつかないような場合に検討する

法的手段と書類作成の注意点

　過労死について労災申請済みであり、会社側が「労働者が安全かつ快適に働けるような労働環境づくり」を怠ったことをある程度認めているものの、損害賠償額の折り合いがつかないような場合は、労働審判の申立てを検討してよいケースだといえるでしょう。

　労働審判の申立てを行う場合、申立書には、損害金や慰謝料として請求する金額を記載します。申立書内の「申立ての理由」部分や予想される争点の部分には、申立人の所属部署や業務内容、そして過労死に至るまでの労働状況を具体的に明記します。

　特に、うつ病などの精神障害を負ったケースにおいて労働者が死亡したときは、会社側が過労死と認めないことも多いので、過労死であると証明するために、会社の安全管理対策に関する資料や就業規則、事故発生・疾病発症当時における被災労働者の勤務状態がわかる資料などを準備します。たとえば、被災労働者の勤務状態を把握するための資料としては、被災労働者のタイムカードや出勤簿の他、通勤定期券の出入場記録や勤務実態について記載されたメールなどを用意することになります。

　責任の所在や割合について争いがあると、最終的な解決までに多大な時間と労力がかかることがあります。長期化する可能性が高いと予想される場合は、労働審判ではなく、民事訴訟など別の法的手段を活用する方がよい場合もあります。

労働審判手続申立書

令和３年５月１日

東京地方裁判所　民事部　御中

〒○○○－○○○○　東京都○○区○○丁目○番○号
　　　　　　申　立　人　　　高　松　孝　子　　㊞
　　　　　　　　　電話　０３－○○○○－○○○○
　　　　　　　　　ＦＡＸ０３－○○○○－○○○○

〒○○○－○○○○　東京都□□区□丁目□番□号○○ビル○階
　　　　　　相　手　方　　　ワイシーディ工業株式会社
　　　　　　同代表者代表取締役　　村　峰　五　郎
　　　　　　　　　電話　０３－○○○○－○○○○
　　　　　　　　　ＦＡＸ０３－○○○○－○○○○

損害賠償請求労働審判事件
労働審判を求める事項の価額　　　金2400万円
ちょう用印紙額　　　　　　　　　４万1800円

第１　申立ての趣旨
　１　相手方は、申立人に対し、金2400万円及びこれに対する
　　　令和３年１月25日から支払い済みまで年３％の割合による
　　　金員を支払え。
　２　申立費用は相手方の負担とする。
との労働審判を求める。

第2　申立ての理由

　1　当事者

　　相手方は自動車の電子部品製造会社である。

　　申立人の夫高松学（以下Aとする）は、平成5年4月1日に相手方会社に入社し、以降勤務を続けていた。平成21年4月に課長、平成25年4月には部長職に昇進していた。令和2年5月10日、Aは中国工場の部長職を言い渡されて上海に渡った。

　　だが、令和3年1月25日、Aは上海の居住地にしていたホテルで急性心不全を起こして死亡した。

　　　　　　　　　　　　　　　　　【甲1（雇用契約書）】

　2　Aの上海での勤務状況及び死亡について

　　Aの赴任した上海工場には150人の工員がいたが、いずれも十分な職場訓練を受けておらず、Aは本体の業務以外に職場訓練にも時間を割かねばならなかった。また、Aは中国語の能力が十分でなかったことから、中国語の勉強にも時間を割かねばならなかった。これらのことから、Aは、勤務日はほぼ18時間以上拘束されている状況で、特に亡くなる前月の令和2年12月は休暇が1日しか取れなかった。

　　　　　【甲2（手帳）、甲3（上海工場の防犯ビデオデータ）】

　　その他にも、治安の悪さからしばしば盗難被害に遭うなど、勤務以外の心労も耐えない状況であった。

第3　予想される争点及び争点に関連する重要な事実

　1　本件の争点は、申立人の死が過労死にあたるか否かにある。

　2　業務と死亡との因果関係

　⑴　相手方は労務管理上の落ち度があったことは認めているが、過労死であるとは認めていない。したがって、過労死

ではないと主張し、400万円の慰謝料が適当であると主張すると考えられる。

(2)　しかし、申立ての理由2にもある通り、Aが種々の業務に拘束されていたことは、Aの手帳の予定表から明らかであり、中国語の勉強にも多くの時間が割かれていることは、語学教室のスケジュール表から明らかである。Aの勤務実態を少なく見積もっても、令和2年12月は休暇が1日しかなく、それ以外の月であっても勤務日はほぼ18時間に渡って業務に関連する事柄に拘束されており、このような拘束状況下の死亡は、過去の例などから見ても、過労死として認定されるべきである。

第4　申立てに至る経緯の概要

申立人はAの死亡直後から相手方に対して「これは過労死ではないのか。労災の認定をしてほしい」と問い合わせをした。これに対し相手方は過労死であることは認めなかったものの、「労務上の管理に若干の問題があった」と落ち度は認めた。

令和3年2月10日、相手方は「慰謝料として400万円を支払う」と申立人に申し出てきた。しかし400万円の根拠は示されず、またそもそもAの同年代の退職金が2000万円であることを考えると少ないことから合意に達しなかった。

【甲4（退職金規程）】

令和3年2月20日、申立人は弁護士等と相談した上で、労災認定をするか、あるいは相手方に対して最低限の慰謝料として「定年まで勤めていればもらえるはずだった退職金と同額の2400万円」を支払ってほしい旨を提案した。しかし、相手方は「400万円を超える金額は出さない」と回答し、条件面での合意にいたら

なかった。同年3月1日、申立人は東京労働局にあっせんの申請をしたが、相手方があっせんに応じず同年4月6日、あっせんは終了した。そこで、申立人は、相手方に対して慰謝料の支払いを求める本労働審判の申立てを行った。

証拠方法

甲1号証　（雇用契約書）
甲2号証　（手帳）
甲3号証　（上海工場の防犯ビデオデータ）
甲4号証　（退職金規程）

附属書類

1	申立書写し	4通
2	甲1から4号証までの写し	各2通
3	証拠説明書	2通
4	資格証明書	1通

申立人　高松　孝子

相手方　ワイシーディ工業株式会社

令和3年5月1日

証拠説明書

東京地方裁判所

労働審判委員会　御中

申立人　高松　孝子　㊞

号証	標　目 （原本・写しの別）		作　成 年月日	作成者	立　証　趣　旨	備考
甲1	雇用契約書	写し	H5.4.1	相手方 及び 申立人	申立人と相手方との間に平成5年4月1日に雇用契約が交わされたこと	
甲2	手帳	原本	R2.7～ R3.1	A	Aのスケジュールの過酷さ	
甲3	上海工場の防犯ビデオテープ	原本	（録画日） R2.12	（録画者） 相手方 上海工場	Aが12月中の大半を工場内で過ごしていたこと	
甲4	退職金規程	原本	H5.4.1	相手方	Aの退職金が2400万円であることを示すもの	

パワハラで死亡した労働者の遺族が遺族補償年金を請求する

遺族の生活費を保障するための給付が行われる

遺族（補償）年金が支給される遺族には優先順位がある

　セクハラやパワハラなどが原因で労働者がメンタルヘルスとなり、その症状のひとつとして自殺に至るケースもあります。このようなケースにおいて、労働者に扶養されていた遺族がいる場合、労災保険の遺族補償を求めることができます。遺族補償には遺族補償年金と遺族補償一時金があります。遺族補償年金については、どのような遺族でも受給できるわけではなく、続柄や年齢などの制限があり受給権の順位も決まっていて最先順位にある遺族だけに支給されます。最先順位の遺族が死亡や婚姻などにより受給権者でなくなったときは、次の順位の遺族が受給します。これを「転給」といいます。

　遺族（補償）年金の給付額は、遺族の数に応じ給付基礎日額の153日分から245日分の年金です。次ページ図の中の55歳以上とされている者は、60歳になるまでの間年金の支給が停止されます。

遺族（補償）年金の受給権者がいない場合どうなるのか

　遺族（補償）年金を受け取ることができない遺族であっても遺族（補償）一時金を受給することが可能な場合があります。遺族（補償）一時金が受給できるケースは次の2パターンです。

① 労働者が業務上の事故などにより死亡したときで、最初から遺族（補償）年金を受ける遺族がいない場合

　その他の最先順位にある遺族（次ページ図）に給付基礎日額の1000日分の一時金が支給されます。

② 遺族（補償）年金を受ける遺族が死亡、婚姻、年齢要件に該当し

なくなるなどの理由ですべて失権し、支払済み年金の合計額が給付基礎日額の1000日分に達しない場合

1000日分とすでに支給された合計額との差額が、その他の遺族に支給されます。

請求手続と書類作成の注意点

遺族補償年金の申立書を作成する上での注意点は以下のとおりです。

① 遺族（補償）年金の請求手続

労働者の死亡日から5年以内に事業所管轄の労働基準監督署に遺族補償年金支給請求書（次ページ）を提出します。まとまった金銭をいっぺんに受給する必要性が生じた場合には、遺族（補償）年金前払一時金請求書を提出します。遺族補償年金を受給できる遺族がおらず、遺族補償一時金を請求する場合、労働者の死亡日から5年以内に事業所管轄の労働基準監督署に遺族補償一時金支給請求書を提出します。

■ 受給資格のある遺族とその順位 …………………………………

順位	遺　族	要　件
1	配偶者(内縁含む)	夫の場合は60歳以上または障害状態にあること
2	子	18歳未満または障害状態にあること
3	父母	60歳以上または障害状態にあること
4	孫	18歳未満または障害状態にあること
5	祖父母	60歳以上または障害状態にあること
6	兄弟姉妹	18歳未満または60歳以上または障害状態にあること
7	夫	55歳以上60歳未満であること
8	父母	55歳以上60歳未満であること
9	祖父母	55歳以上60歳未満であること
10	兄弟姉妹	55歳以上60歳未満であること

※18歳未満とは。18歳に達する日以後の最初の3月31日まで

② 独自の申立書の提出

　労災の給付を請求するための提出書類は請求書と添付書類です。たとえば、パワハラなどを原因とする過労自殺の場合には遺族補償年金支給請求書や遺族補償一時金支給請求書と添付書類を提出します。

　ただ、労働基準監督署に備え付けてある書式は事情を書く欄が少ないため、労働者が過労死するに至った経緯や労災の起きた状況を具体的に記載できません。そこで、労災申請をする際には、所定の請求書や添付処理の他に、労災認定を求める申立書を提出するのが通常です。

■ 遺族（補償）給付の金額

生計維持の人数	遺族（補償）年金		遺族特別支給金 ※2	遺族特別年金 ※2	
1人	年金	給付基礎日額の153日分	一時金 300万円	年金	算定基礎日額の153日分
		給付基礎日額の175日分 ※1			算定基礎日額の175日分
2人		給付基礎日額の201日分			算定基礎日額の201日分
3人		給付基礎日額の223日分			算定基礎日額の223日分
4人以上		給付基礎日額の245日分			算定基礎日額の245日分

※1　55歳以上の妻、または一定障害の妻の場合の支給日数です。
※2　遺族特別支給金、遺族特別年金というのは遺族（補償）年金に加えて行われる給付です。
　　遺族特別年金の支給額の単位となる算定基礎日額は、原則として1年間に支払われた
　　ボーナスの総額を基にして決定します。

■ その他の遺族の範囲と順位

順位	遺族の要件
1	配偶者
2	生計維持されていた子、父母、孫、祖父母
3	生計維持されていなかった子、父母、孫、祖父母
4	兄弟姉妹

書式　遺族補償年金支給請求書

様式第12号（表面）

業務災害用
複数業務要因災害用

労働者災害補償保険

遺族補償年金　支給請求書
複数事業労働者遺族年金　支給請求書
遺族特別支給金　支給申請書
遺族特別年金

年金新規報告書提出

① 労　働　保　険　番　号						
府県	所掌	管轄	基幹番号	枝番号		
13	1	09	123456			

② 年　金　証　書　の　番　号
管轄局　種別　西暦年　番号　枝番号

③死亡労働者の
フリガナ　アサイ　アキオ
氏名　朝井 明夫　（男・女）
生年月日　昭和38年4月10日（58歳）
職種　商品企画
所属事業場
名称・所在地

④ 負傷又は発病年月日
3年12月6日
午前・午後　2時30分頃

⑤ 死亡年月日
3年12月6日

⑦ 平均賃金
10,253円16銭

⑥ 災害の原因及び発生状況　（あ）どのような場所でどのような作業をしているときに（い）どのような物又は環境に（え）どのような不安全な又は有害な状態があって（お）どのような災害が発生したかを簡明に記載すること
令和3年12月6日午後2時半頃、「頭が痛いので横になりたい」と仮眠室へ向かおうとしたところ、突然倒れ、意識不明の状態になり、救急車で近隣の病院に搬送されたが、その後死亡した。（詳細については別紙記入）

⑧ 特別給与の総額（年額）
850,000円

⑨
⑦ 死亡労働者の厚年等の年金証書の基礎年金番号・年金コード
ⓗ 死亡労働者の被保険者資格の取得年月日　昭和61年5月1日
ⓝ 当該死亡に関して支給される年金の種類

厚生年金保険法の　⑦ 遺族年金　ⓛ 遺族厚生年金
国民年金法の　イ母子年金　ロ準母子年金　ハ遺児年金　ニ寡婦年金　ホ遺族基礎年金
船員保険法の遺族年金

支給される年金の額　　　　円
支給されることとなった年月日　　年　月　日
厚年等の年金証書の基礎年金番号・年金コード（複数のコードがある場合は下段に記載すること）
所轄年金事務所等

受けていない場合は、次のいずれかを○で囲む。・裁定請求中・不支給裁定・未加入・請求していない・老齢年金等選択

③の者については、④、⑥から⑧まで並びに⑨の⑦及びⓛに記載したとおりであることを証明します。
3年1月16日

[注意]
⑨の⑦及びⓛについては、③の者が厚生年金保険の被保険者である場合に限り証明すること。

事業の名称　株式会社 東西商事　電話（　）1234－5678
事業場の所在地　新宿区東新宿1－2－3　〒160－9999
事業主の氏名　代表取締役 東山 次郎　（代表者印）
（法人その他の団体であるときはその名称及び代表者の氏名）

⑩ 請求人

氏名（フリガナ）	生年月日	住所（フリガナ）	死亡労働者との関係	障害の有無	請求人（申請人）の代表者を選任しないときは、その理由
朝井 昌子	昭43・12・8	品川区西品川3-8-4	妻	ある・（ない）	
	・　・			ある・ない	
	・　・			ある・ない	

⑪ 申請人

氏名（フリガナ）	生年月日	住所（フリガナ）	死亡労働者との関係	障害の有無	請求人（申請人）と生計を同じくしているか
朝井 明子	平14・6・10	品川区西品川3-8-4	長女	ある・（ない）	（いる）・いない
	・　・			ある・ない	いる・いない
	・　・			ある・ない	いる・いない
	・　・			ある・ない	いる・いない

⑫ 添付する書類その他の資料名

⑬ 年金の払渡しを受けることを希望する金融機関又は郵便局

金融機関（郵便貯金銀行を除く）
名称　東都　（銀行）・金庫・農協・漁協・信組　品川　本店・本所・出張所・（支店）・支所
※金融機関店舗コード
預金通帳の記号番号　（普通）・当座　第345678号

郵便貯金銀行の支店等又は郵便局
フリガナ
名称
※郵便局コード
所在地　都道府県　市郡区
預金通帳の記号番号　第　号

遺族補償年金
複数事業労働者遺族年金　の支給を請求します。
遺族特別支給金
遺族特別年金　の支給を申請します。

3年1月25日
新宿　労働基準監督署長　殿

〒141－0000　電話（　）3456－6543
請求人　住所　品川区西品川3－8－4
申請人（代表者）の　氏名　朝井 昌子　（朝井印）
□本件手続を裏面に記載の社会保険労務士に委託します。
個人番号

特別支給金について振込を希望する金融機関の名称	預金の種類及び口座番号
東都　銀行・金庫・農協・漁協・信組　品川　本店・本所・出張所・（支店）・支所	（普通）・当座　第345678号　口座名義人　朝井 昌子

第8章　過労死と労災認定・労働審判の手続き　255

【監修者紹介】

森　公任（もり　こうにん）

昭和26年新潟県出身。中央大学法学部卒業。1980年弁護士登録（東京弁護士会）。1982年森法律事務所設立。おもな著作（監修書）に、『会社の倒産 しくみと手続き』『不動産契約基本法律用語辞典』『契約実務 基本法律用語辞典』『会社法務の法律知識と実務ポイント』『株主総会のしくみと手続き』『公正証書のしくみと実践書式集』など（小社刊）がある。

森元　みのり（もりもと　みのり）

弁護士。2003年東京大学法学部卒業。2006年弁護士登録（東京弁護士会）。同年森法律事務所 入所。おもな著作（監修書）に、『会社の倒産 しくみと手続き』『不動産契約基本法律用語辞典』『契約実務 基本法律用語辞典』『会社法務の法律知識と実務ポイント』『株主総会のしくみと手続き』『公正証書のしくみと実践書式集』など（小社刊）がある。

森法律事務所
弁護士16人体制。家事事件、不動産事件等が中心業務。
〒104-0033　東京都中央区新川２−15−３　森第二ビル
電話 03-3553-5916
http：//www.mori-law-office.com

すぐに役立つ
泣き寝入り無用！
職場のトラブルをめぐる法律問題と実践解決書式

2021年7月30日　第1刷発行

監修者	森公任　森元みのり
発行者	前田俊秀
発行所	株式会社三修社
	〒150-0001　東京都渋谷区神宮前 2-2-22
	TEL　03-3405-4511　FAX　03-3405-4522
	振替　00190-9-72758
	https://www.sanshusha.co.jp
	編集担当　北村英治
印刷所	萩原印刷株式会社
製本所	牧製本印刷株式会社

©2021 K. Mori & M. Morimoto Printed in Japan
ISBN978-4-384-04871-1 C2032